北朝鮮問題をどう解くか

東アジアの平和と民主主義のために

聖学院大学総合研究所
康 仁徳・小田川 興 編

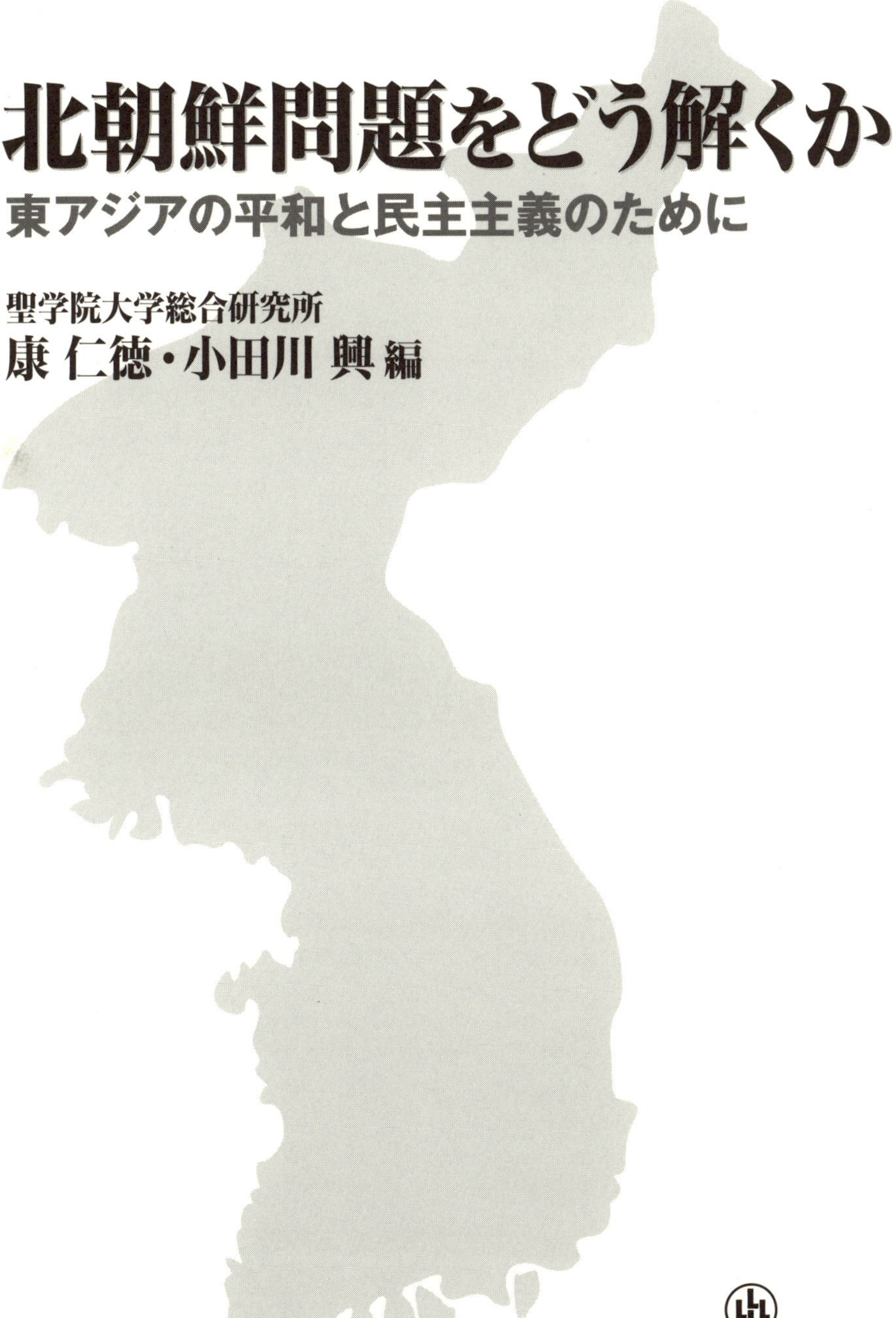

聖学院大学出版会

はじめに

東アジアは二一世紀を迎えて早々、重大な岐路に直面している。

それは一言でいうならば、脱冷戦時代の世界が巨大な波動に揺さぶられるなか、この地域が平和と共存の未来へ踏み出せるのか、それとも紛争から共滅への道をたどるのか、という二者択一に迫られる状況だといえる。

北朝鮮の核問題が危機の核心にあることはいうまでもない。

この問題は二〇〇三年、イラク戦争勃発後、北朝鮮が米国による次の先制攻撃の標的との見方が強まるなど、東アジアに緊迫した雰囲気をもたらした。だが幸い、二〇〇三年八月に南北朝鮮と日米、中ロによる六者協議が実現し、ひとまずは北朝鮮の核問題が多国間協議によって解決を見出すための枠組みができた。

冷戦後も地球上で唯一、武力対決の構造から脱皮できなかった朝鮮半島の政治を、多国間の対話と協調に導くための舞台をしつらえた歴史的な意義は大きい。この動きを当事国や日米中ロの関係国だけでなく、国際社会全体の協力で軌道に乗せることが最も重要である。それは、東アジアの新たな地域秩序を構築することによって、ひいては世界平和の新しいパラダイムを示すことが期待されるからである。

現在の状況を整理することで、問題を理解するための一助になればと思う。

（1）二〇世紀終盤に起きた東西冷戦終息の波はようやく朝鮮半島に押し寄せてきた。
（2）朝鮮半島の政治構造は歴史と地政学、さらに民族という三つの要因で複雑に構成されている。ここに朝鮮戦争（一九五〇―五三年）の傷跡が色濃く投影されている。
（3）従って、この地域の対決構造を解くには、日本の植民地支配の歴史清算と、第二次大戦終結後に米国と旧ソ連によって分断された当事国の南北朝鮮、そして関係国（日米中ロ）の協調が絶対不可欠である。

要するに、朝鮮半島問題をとらえるには、歴史の縦糸と、現情勢をつむぐ横糸を見極めつつ、問題の背景を分析することが必要である。

問題解決の処方はどのように求められうるのだろうか。

まず第一に国際政治の視点、つまり東アジア地域全体の平和と安全保障をいかに維持、拡大していくかという取り組みが重要である。とりわけ北朝鮮の核問題は、一九九三年の第一次核危機が米朝の枠組み合意（一九九四年、ジュネーブ）でいったん解決されたものの、二〇〇二年秋以降に北朝鮮の核開発計画が明らかになったのを契機に、地球規模の核拡散防止に向けて極めて緊急を要する課題となった。

北朝鮮問題の場合、冷戦期の国際政治を動かしてきたパワーポリティックスは解決に有効だといえるのか。単独行動主義でイラク政権を崩壊させたブッシュ米政権が、イラクの戦後統治で泥沼に陥った状況は、力の過信が平和を破壊するという平凡な真理を浮き彫りにしている。これを教訓に、国際社会は国連の役割を十分活用した紛争解決への知恵を絞る時である。

次に、国内政治の視点から問題を把握すること、とくに北朝鮮の体制改革が焦点である。冷戦時代に中ソを後見役とした北朝鮮は最近、中国をはじめ国際社会からの食糧、エネルギー支援で辛うじて片肺飛行をしている状態だが、経済改革の兆しも見えている。生活難から脱北者も相次ぐなかで、北朝鮮が経済再生を図り、市場経済へ移行することができるのか。それには民主化という大きな痛みを伴うだけに、状況は予断を許さない。

第三に、民族問題としての視角、すなわち南北分断の克服は可能かという重い問題がある。韓国と北朝鮮は二〇〇〇年六月、史上初の南北首脳会談を開き、鉄道連結や経済協力に踏み出した。離散家族の再会や国際スポーツ大会での連携でも成果を挙げた。冷戦時代と比較すれば、目を見張るような変化が起こりつつある。だが、黄海での銃撃戦（一九九九年）などの突発事態は南北間に不安の火種を残している。

しかし、より大局的に見れば、東アジアでは経済統合や文化交流が急速に広がっている。日本と韓国、中国、東南アジアの間で自由貿易協定（ＦＴＡ）の動きが加速化している。日韓共催のサッカーＷ杯は両国の若い世代に画期的な交流の渦を巻き起こした。

こうした未来志向の交流・協力が北朝鮮を仲間に入れる段階に到れば、朝鮮半島問題の平和的解決に弾みを与えるだろう。

だが、逆流として北朝鮮がもし、核保有した場合、状況は一変する。最悪の場合、米国による核施設攻撃→北朝鮮の反撃→戦争というシナリオもありえないことではない。その時は北朝鮮という国家が消滅するだけにとどまらない。韓国も重大な打撃を受け、日本もミサイル攻撃で損害をこうむる可能性が大きい。

それだけに、六者協議の場で何よりも北朝鮮に核放棄させ、地域の平和体制づくりに進むことは緊急課題である。日本の役割は非常に重要である。

日本と北朝鮮は二〇〇二年九月、小泉首相と金正日総書記の日朝首脳会談で「平壌宣言」に署名し、両国の過去を清算して国交を正常化する枠をつくった。しかし、日本人拉致問題で日朝関係は大きく後退し、国交交渉の中断が続いている。確かに、拉致問題は重大であり、被害者・家族の苦痛ははかりしれない。ただ一方で、日本が朝鮮半島を植民地化し、おびただしい数の朝鮮人を徴用または徴兵として犠牲を強いたこと、南北分断にも歴史的な責任があることを考えれば、日本は戦後半世紀以上も白紙状態だった北朝鮮との関係正常化にすすんで努力すべきである。「アジアとの共生」という時、それは北朝鮮の隣人との共生なしには成り立たないのである。

北朝鮮の核問題の解決において、世界で唯一の被爆国であり、平和憲法を持つ日本は「東アジアの非核化」を掲げて地域平和の恒久的な土台を築くため、積極的に役割を果たすべきである。

歴史も文化も異なる国が並存する東アジアで直面する核危機を克服し、民主主義と恒久の平和を実現するには、どのような問題へのアプローチが求められるのか。そうした難問を考える手がかりを提供したいというのが本書を世に送り出す動機である。

本書に収めたシンポジウムや論文などを通じて「戦争ではなく、平和こそ」という真摯な願いが確認された。これが本書の最大のメッセージになることを願うものである。

二〇〇三年一一月

聖学院大学総合研究所
日韓現代史研究センター
康　仁徳
小田川　興

目次

資料集

北朝鮮問題をどう解くか

――東アジアの平和と民主主義のために――

シンポジウム

東アジアの平和と民主主義

――日韓関係を軸に――

基調講演
池　明観

パネリスト
清田治史
康　仁徳

司会
小田川　興

（二〇〇三年二月一五日）

小田川　それでは、聖学院大学総合研究所主催、朝日新聞社後援によるシンポジウム「東アジアの平和と民主主義――日韓関係を軸に――」を開催いたします。

まず、主催者を代表して、学校法人聖学院理事長であり、また聖学院大学総合研究所長である大木英夫先生から、ごあいさつをいただきたいと思います。よろしくお願いいたします。

開会挨拶

大木英夫

ご紹介をいただきました大木でございます。聖学院大学総合研究所の所長をしております。このシンポジウムの主催者といたしまして、一言ごあいさつを申し上げます。所長の立場で、少しこの研究所の宣伝もさせていただくかもしれませんが、ご容赦いただきたいと思います。

今日のシンポジウムの趣旨は、もう既に印刷物が皆さんのお手元にあるようですから、時間を無駄に使わないためにそれをご覧いただきながら、私どもの行なっていることについて、ごあいさつに代えて申し上げたいと思います。

聖学院大学総合研究所は、敗戦後の日本に導入された民主主義を単に政治制度としてではなく、〝イディアフォルス〟「力を持つ理念」としてとらえ、一方で、それを源流と展開において理解するとともに、他方で、その定着のための現実的課題と取り組み、政策提言にまでなることを求めながら、十有余年に渡り共同研究を蓄積してまいりました。

最初は「デモクラシー研究」、それから「自由の伝統の研究」、「市民社会と国家の役割の研究」へと進んでまいりました。もちろん、研究所にはいろいろな分科会がありまして、いろいろな研究センターがありますが、全体としてこういうテーマで研究を続けてまいりました。その成果は、聖学院大学出版会の出版活動に反映されているところでございます。

その一環として、最近は一九四五年の古い日本の崩壊と韓国の独立という大変動に、焦点をあてた日韓共同研究が出発することになりました。その研究チームの指導者として、池明観先生、康仁徳先生をお迎えしております。この国際的共同研究は、あの歴史的事件の実態を明らかにし、最近日本でも注目されてまいりましたアメリカの歴史家ジョン・ダワーの『敗北を抱きしめて』にあたるような書物にまでまとめられることを目指しております。

周知の通り、日本にはあの経験を忘却させようとするある種の努力がありますが、我々の望むところは、その出来事の受容において、謙虚にして高次な精神に甦ることであります。そしてその出来事の認識から、北東アジアの国際的共同体の形成のために必要な、価値基盤と未来志向とを見出すことであります。価値観の共有なしに、そのような国際的共同体の形成はあり得ないことでありますし、また経験から学ぶリアリズムによることなしに、この大いなる形成の仕事は、推進され得ないと思うからであります。

このシンポジウムは、最近見られるような国際情勢の変化以前に、昨年の秋に計画されたものであります。このテーマは、俄然緊張を高めているこんにちの状況と共鳴しだしました。先週の火曜日、日本の川口外務大臣が、イラク問題に国際的足並みが揃っていないことに、憂慮の念を表明いたしましたが、北朝鮮問題についてそうであってはならないと願っております。

この地域における知的リーダーシップが求められているとき、このようなテーマについて議論するに期待される最高の知的リーダーをお迎えして、このシンポジウムを開催できますことは、本研究所の所長としての喜びであり、また朝日新聞のご後援をいただきましたことへの感謝を表し、ご参会の皆様には、今後とも聖学院大学総合研究所に関心をお寄せいただきたくお願いいたしまして、主催者としての開会のごあいさつとさせていただきます。ありがとうございました。

小田川　どうもありがとうございました。それでは早速ですが、池明観先生から基調講演をいただきたいと思います。池先生については、皆さんよくご存じだと思いますが、ちょうど二五日には、韓国の盧武鉉新大統領の就任式があります。そのときの就任式スピーチ起草委員会の委員長でもあります。また、韓国放送公社（ＫＢＳ）の理事長も務めておられます。

特に、日韓関係については日韓文化交流会議、これは日韓両政府の肝いりで文化交流のための組織を作ったわけですが、その韓国側座長を務められています。また、日韓歴史研究共同委員会で韓国側の座長を務められています。歴史、そして文化交流において、韓国の政策に大きなアドバイスをされています。

ご著書については『日韓関係史研究』『ものがたり朝鮮の歴史』『韓国――民主化への道』『人間的資産とはなにか』などがございます。いずれにしろ韓国の歩みを通じて、また核問題や日本が抱える拉致問題もございますが、こういう困難な状況の中で、現代史、そして現代社会を洞察して、そこから閉塞状況に陥っている日本社会あるいは日本人にとって、いろいろ示唆に富んだ大変なご労作だと思います。きょうは池先生に、盧武鉉政権の出発という時期にあたりましてご講演をいただきます。大変タイムリーなことだと思っております。それでは、池先生、よろしくお願いいたします。

第一部　基調講演

東アジアの平和と民主主義

――国際関係を軸に――

池　明　観

本日は、こういう機会を与えてくださいましてありがとうございます。

私は韓国の状況がめまぐるしく変わってきているが、それをどのように解釈していいのだろうかということを、思想史的な観点から申し上げたいと思います。具体的な政治的状況については、あとから諸先生がおっしゃられるだろうと思います。

私の立場と言いましょうか、私の日本での歴史的経験から申しまして、北東アジアのこんにちの状況は、短期的にはやや悲観的であると申し上げていますが、しかし私は長期的に見れば、楽観的であるという前提で申し上げたいと思います。

北の問題――"spoilt child"

韓国では金大中大統領が任期を終えて退任することになりました。来る二五日が交代の時です。金大中政権に対しては大きな期待がありましたが、大変な失望もありました。今、日本の新聞でも若干報道されているように、二〇〇〇年の六月に南北首脳会議が行われ、共同宣言がなされましたが、実は南のほうから二、二三〇億ウォン、日本円にすれば二〇〇億円くらいを北に提供したということで、国内が今騒然としているわけです。

私は、北の問題に対してこういう思いを持っています。スペインのホセ・オルテガが一九三〇年に書いた『大衆の反逆』という本があります。その中の言葉の一つで、英訳ですが"spoilt child"ということを言っています。日本語に翻訳すれば「甘やかされた子ども」とでも言いましょうか、そういう意味の言葉です。

オルテガは、一九三〇年代のヨーロッパにおける大衆は「甘やかされた子どものようである」というのです。これは大変失礼なのですが、私は北の政権担当者に対して、「甘やかされた子どものようだ」という言葉を使いたいと思いました。例えば、一月二七日から二九日にかけて、金大中大統領は任期の終わりになって非常に苦しい立場にありながら、北に大統領の特使を派遣したわけですが、北の権力者は会ってもくれなかったということです。北は、国家代表でないから会わなかったのだとか、いろいろな弁明をしていますが。

私は、金大統領に対する北の対応の仕方は、次のようでなければならないのではないかと思います。つまり北の問題のために今は四面楚歌に陥って、それこそもう袋叩きにあっている金大統領が、その任期を終えるというわけなのですから、何か素晴らしい感謝の言葉でも述べるとか、特使にも会ってくれて、「任期の間ご苦労でした。北に対しても、非常に一生懸命に南北和解をしようと努力してくださったその労苦は、一生涯忘れません」とか、もう少しきれいな言葉があってもいいのではないかと思うのです。しかしさすがに北は何も言わない。そして特使に会うことすらしない。これは“spoilt child”のような気がしてならないと思いました。

“spoilt child”に対して、オルテガはこういうことを言っています。それは「常に自分の欲望の無限な拡大を願う。自分の欲望のみを最大限のものにする」。もう一つは、「自分の欲望を満足させたという恩をまったく忘れてしまう」。これが“spoilt child”だと言っています。それは一九三〇年代のヨーロッパにおける大衆に対してオルテガが言った言葉でありますが、私は北に対してこの言葉を使いたい。

そして、そういうような甘やかされてどうにもならない子どもというのは、アメとムチしかきかない。こちらの言うことをきかせるためにはアメをやるか、でなければムチをやるしかない。やはりこういう性格を持っているのではないか。だから、非常に扱いにくいタイプであると思うのであります。私の最近の南北の問題に対する考え方を、やや心理的な面から申し上げました。

インターネットと「我々」の発見

今度は、韓国の歴史の中で民衆の中にどういう変化が起こってきているかということに対して、一つのエピソードみたいな話をしたいと思います。皆さんご存じのワールドカップの話です。ワールドカップ・サッカーの「赤い悪魔」応援団です。胸に「Be The Reds」と大きくデザインされた赤いTシャツを着ていたわけです。それをデザインした作家がこの前テレビで言っていたことに、私は非常に強い印象を受けました。

彼は有名な美術家でありまして、自分はインターネットを発見し、韓国全体にリンクすることによって新しい芸術観を持つようになった。それは何かと言うと、今までの私たちの芸術は孤独な私人の芸術であった。しかし、インターネットを媒体にすることによって、それから我々は脱皮してきた。これで我々は「公共美術」ということを考えるようになってきた。つまり、私の芸術ではなくて、我々の芸術、しかも、それが祝祭的で、公人的な美術という概念を生むようになっていった。インターネットで自分が考えを出し、それに対しみんなが答えてくる意見をもとに、考えを新しく修正していく作業によって、自分はみんなのためのみんなとともに作る公共芸術という境地を発見したのである。こういうことを言ったのです。

そして、彼はもっと進んで、私人ではなくて、「我々」という公人性を私は確認したのであると。デジタルの世界、ITの世界に入ることで、私はかえって我々を発見したのであるということを言っています。

それはオルテガが言った「大衆」という言葉につながります。一九三〇年代の大衆と、こんにちの二〇〇〇年初期の韓国における大衆という概念は、だいぶ違ってきた。その大衆が、今度の選挙を作りだしたのであると申し上げたいと思います。

韓国における民主主義的実験

先ほど申しましたように、私は北東アジアの今後に対して楽観主義の立場で、長期的展望に立ちながら、東アジア、日韓、韓国の状況について考えてみたいと思います。

二つの部分に分けたいと思いますが、最初は韓国における民主主義的実験ということです。実は、このシンポジウムで東北アジアと日韓関係を話そうというときに、私は民主主義ということに対してあまり関心を持たなかったのに、大木先生から「ぜひ民主主義を語れ」と言われて、民主主義についてイシューになるものがあるだろうかと思ったのです。だが、この選挙を経験することによって、やはり韓国において民主主義というのは、実はもっとも重要な主題であるということを、状況の中で発見したのであります。

政治というものは生きているもので、今我々が語るのはある意味においては、この瞬間においてこの政治を差し止めて、一応考えてみるわけです。そして、この政治が完結するまでに至ったときに民主主義に対する正しい解釈が可能なのであろうと思います。

戦後、一九四五年以降において、韓国における民主主義的実験は、失敗を重ねてきたとまず申し上げたいと思います。一九四五年八月、朝鮮半島は解放されてすぐ南北に分断されます。そして、北から南に攻めてくるという北の脅威が非常に強調されるようになる。実際にそういうような政治的、現実的脅威が存在して、一九五〇年には戦争が起こった。北から侵入してきたわけですから、その後も北の脅威ということを強調しなければならなかった。

七〇年代あたりにおいてすら、北の経済が南の経済よりもいいんだという、経済的に北が優位に立っているという考え方が、ずっと続いてきたわけです。そうすると、南は少なくとも南北対立の中で生き残るためには、生存を優先しなければならないから、反共第一であり、「独裁であっても反共であればいいんだ。これが我々が生き残れる道だ」と考えるようになったわけです。だからそのときには、もう既に民主主義とは名ばかりの民主主義で、ほとんど民主主義は可能でない状況が続くわけです。

一九六〇年になって、四・一九革命という、よく日本で言われる学生革命によって、民主主義が回復されるわけです。しかし、それは一九六一年の五月一六日、反共を第一に考え、南の生存を優先した軍事クーデターによって敗れていくわけです。それから長いこと民主主義はなかった。

アメリカ軍が南の韓国に駐屯していることは、非常に感謝すべきことである。なぜならば、我々の安全を保障してくれるからである。こういうような発想が展開してきたわけです。

南のほうは軍事政権で反共を掲げるわけですが、そのために、民主主義うんぬんを言いながら「個人的な主張をするな」と押さえ込むわけです。北は北で「アメリカが攻めてくる、米帝が我々のほうに侵入してくるから、警戒するために我々は強力な軍事国家を造らなければならない」ということです。両方が相手を敵と見なすことによって、自分のところの専制的で独裁的な政権を擁護し、合理化し、正当化してきた時代であったわけです。これを我々は「敵対していながら、実は相互依存してい た」とよく言っています。北があるから南の軍事独裁もOKだ。あるいは、アメリカ軍が南にいるから、北でも一人独裁ということを許すべきである、それが当然であるというような考え方であったが故に、補完的であり、敵対的相互依存の状態を続けてきたと説明したわけです。

ここで基本的に重要な考えが目覚めてきます。それは敵を想定し、その敵が今にも攻めてくるというようなことを想定した場合に、民主主義は可能であろうかという問題です。これは極端に言えば、アメリカのブッシュ政権が世界の中にアルカイダとかいろいろな敵がいることを想定したときに、アメリカの民主主義は健全であろうかということと同じような問題であると私は思います。

にもかかわらず、韓国は民主主義化の運動を展開して、一応民主化が勝利したわけです。民主化が勝利するためには、北との間の敵対関係が解消されなければならない。でなければ、南における民主主義的な体制は保てないということが特に南の知識人や若い人たちの考え方であるわけです。

そして、やや消極的ではあっても、南が北に対して敵対関係をとらないとすれば、北も多少は変わるかもしれない。こういう考え方が芽生えてきたのです。もう一つ、アメリカが北にそれほど脅威にならなかったら、あるいは、北がアメリカを「主敵」としないようになれば、そこにも多少変化が表れてくるかもしれない。こういうようなかすかな希望を持ち始めたということが言えます。

こんにち、韓国の状況の中においていろいろ問題が起こって、非常に強硬な反共主義の人々には理解できないような現象が起こっているわけですが、それは韓国の中に無意識的あるいは意識的に、今申しましたようなある種の哲学、ある種の希望、ある種の考え方が新しく台頭してきたことからくるのであると言っていいだろうと思います。

はじめての民主主義社会

一九九八年に金大中政権が成立し、ハト派と言いましょうか、南北統一の問題を非常に深く考える政権が成立したので、南北の間の緊張が緩和した状態ができて、韓国の民主主義が前進するだろうという、今までの希望が少なくとも叶ったと考えてきたわけです。そのために、二〇〇〇年六月一五日の「南北共同宣言」（本書、一九〇頁参照）を、こういう人たちは歓呼して迎えたわけであります。

金大中さん個人の意図はどうであろうと、私は二〇〇〇年の六月一五日の「南北共同宣言」が、その意図を超えて、あるいは今二、二三五億ウォンで買い取った、いや買い取らなかったとかいういろいろな問題がありますけれど、そういう論議を遙かに超えて大きな意味を持ったものであるというように、言わざるを得ないのであります。

いま、韓国の歴史上未曾有の、初めての完全なるもっとも自由な民主主義社会が表れてきたことは、否むことのできない事実であると思います。その時に、私が考えたことは、この民主主義の台頭、国民一人一人がものすごい自己主張をするようなこの状況、このチャレンジに金大中政権は耐えうるだろうかということです。これが長いこと疑問であったわけです。

そこで聖書の言葉を一つだけ引用したいと思います。私はこのときに、金大中政権はそれに耐えられないかもしれないと思いながら、出エジプト記の一七章の三節の言葉を思い出しました。モーセがイスラエルの民をエジプトから連れ出したのですが、それがうまくいかないので、荒野でイスラエルの民が叫びます。「あなたはなぜ私たちをエジプトから導き出して、わたしたちを、子どもや家畜と一緒に、渇きによって死なせようとするのですか」と問いかけるわけです。

いいかえれば、「金大中政権、あなたは我々が願うことを十分してくれないではないか。それでは、かつての政権のほうがかえっていいかもしれない。こんなに混沌とした状況で、これでいいのだろうか」という疑問が起こってきた。そういうことで、金大中政権の人気はだんだん地に落ちるようになってきた。大体、国の方向をそう説明していいのではないかと思います。

そのような状況になりますと、かつては軍事政権に密着した政権でありました野党のハンナラ党が徹底的に金大中政権を批判することによって、国民の人気をさらう。それが成功したわけではないですけど、そういう状況が表れてきたわけです。

韓国の現代史の中で考えなければならないことですが、私は今までの選挙においてはしばしば、新聞が非常に大きな影響力を持っていたと思います。韓国においては新聞が大統領をつくるとさえ言われてきた。新聞や大衆動員です。それが金大中時代あたりから、今度はテレビが非常に影響を持つようになっていった。金大中大統領のときから、テレビにおける討論が徹底的な影響を及ぼすようになってきたのです。そういう時代を経て、今度はもう一つのコミュニケーションのメディアであるインターネットが出現したわけです。これが今度の選挙においては、大きな影響を及ぼすようになって、新聞はやや無力化したと言っていいだろうと思います。

インターネットと選挙

インターネットの影響力について、少しだけ説明します。今、インターネットの新聞に「オーマイニュース」というのがあります。一日にここに接続する人が大体五〇万人です。彼らの言うことによれば、この五〇万人から、直ちにこれが二〇分以内に全国に広まります。そして全国では討論部屋をつくり、掲示板をつくって、そこでまた討論を展開しながら、今度はそのインフォメーションが戻ってくるわけです。そのような双方向的なコミュニケーションが行われるわけです。そういうようにして、わずか五〇万でありますが、実際はそれが数百万に上るような影響力を及ぼしているということです。

ほかにも大きなものがあります。「プレシアン」というのには三〇万の接続があります。「サプライズ」というのに一〇万の接続があります。そういうのがこのごろは携帯電話にまでつながっていくわけです。それを彼らは「サイバー空間」、あるいは「サイバー文化の世界」だと言っています。

これが今度の盧武鉉大統領を選ぶのに、決定的な影響を及ぼしたということを言っていいだろうと思います。しかも盧武鉉政権の場合には、そういう運動を展開する七万人ともいわれる人たちの「ノサモ」（盧武鉉を愛する者たちの集い）勝手連が全国的に運動を展開していったわけです。一人当たり一万ウォンという貯金箱運動を展開して、募金を七〇億ウォン集めました。今までの選挙みたいに、企業から献金をもらうというのを一切やらない。だから、政経癒着を断ち切った選挙をして、成功したわけです。それを使ってあまりがあったと言われます。

その背後には金大中政権が実施した、全国をＩＴ化しよう、ＩＴ王国を造ろうとする努力があったわけです。今、人口が四、七〇〇万ですが、その中で一千万台以上のコンピュータがあり、それを使用する人口は全人口の半分ぐらいいる。そのような状況の中で、インターネット選挙が展開したわけです。

あまり時間がないので、簡単にはしょって申し上げると、ハンナ・アーレントが言った言葉ですが、「すべての革命は失敗した革命である」と。ＩＴ選挙という選挙革命は、失敗したものになるだろうか、成功したものになるだろうか。こういう問題に逢着しているわけですが、二つ言えると思います。それに対して反発する保守勢力が非常に固く手を結んで台頭しつつあるということ。いわば、今までの旧体制に属していた人々が台頭しつつあるということが、重要な危惧すべき問題である。もう一つは、今、このＩＴ革命をサポートした若い人たちが、これからの盧政権がうまくいかなければ、離反してしまうのではないかという問題です。この二つの問題を抱えて、まだ未来はそれほどはっきりしていない。そういう点では、私はかえって政治実験として注目すべきものであると思っています。

北東アジアのグローバリゼーションの流れ

二番目に、東アジアの平和という問題です。よくこう言われます。日本あるいはアメリカでは、北朝鮮の問題に対して非常に不安を持っているのに、韓国だけが案外平静であると。それにはいろいろあると思います。韓国は、そういう北の危機に対して慣れているところもあるかもしれないし、まさか同じ民族がもう一回、南を攻撃することなんかあるだろうかというような、やや過剰なる安心感がある。また、北はやはり“spoilt child”であるから、共産独裁、それから全体主義的家産国家の遺産をまだ持っているんだから、ああせざるを得ないだろうという考え方もあります。いわば心理的な要素もあります。それよりも、もう少し前向きな考え方も、そこに影響しているのではないかと思います。

最近、私は日本で出ている『韓国文化』という雑誌に、北東アジアについての一文を寄せたのですが、そこで私はこういうことを申し上げました。韓国では、もう既に国内的にも国際的にも、マルクス的な共産主義的階級史観を持っていないということです。世界経済の状況、あるいは世界の状況を、搾取するものと搾取されるものとに分けるという考え方はもう過ぎ去っている。従属理論的な考え方はもう終わっている。だから、脱イデオロギー的になっているということを、まず申し上げたいと思います。

日本に対する考え方も非常に変わってきている。一九六五年の日韓条約のときには、日本と関係を結んで、日本の大資本によって韓国は搾取されているのだという考え方を持ったのですが、そういう考え方はもう持たないということです。だから、日本との関係で今まで変遷した過程を見てみますと、最初は搾取、被搾取という考え方を持っていた。それがだんだんと進んで、日本の高度な技術を移転してもらいたい。あるいは、日本に対する貿易赤字が問題だということで、日本の市場をもっと開放しなさいという主張になります。それからさらに進んでこのごろは「経済共同体を共につくろう」という主張に変わってきているわけです。省略して申しますと、「搾取、被搾取」の図式から、今は韓国と日本との間で「競争と協力の時代」だというような発想の仕方へと変わってきたと申し上げていいだろうと思います。

これは、アメリカに対する考え方にも非常に大きな変化をもたらしたと思います。アメリカに対しては、まずこう考えます。日本の繁栄は、アメリカの経済なしには考えられないではないか。それから、今度は韓国の経済発展に対しても、アメリカの貢献や日本の貢献、それは主体的に日本がそう考えたからとか、一方でアメリカがどう考えたかという問題ではなく、結果的に申しまして、アメリカ、日本の貢献なしには考えられない。そういう経済大国が市場を提供した。技術とか金融とかいろいろな協力がありますが、それなしには考えられない。

ひいては、中国の経済発展もそうである。中国の経済発展は日本なしでは考えられない、アメリカなしでは考えられない。それに韓国も参加して、去年は五億ドルの投資を中国にいたしました。今、中国への投資を韓国はどこの国よりも多くしています。日本と中国間の貿易高は、日中国交三〇年間に八〇倍に増えてきたわけです。そして今、日本側が対中の貿易赤字で苦しんでいます。年間、三一一億ドルになるそうです。中国に対する投資は、韓国の新聞に出ている統計を見ますと、累積投資がアメリカは三四九億ドル、日本は三二三億ドルと言っています。いずれにせよ、こういう経済大国が、経済協力によってあとからくる後進国に対して利益を与える。そして、もちろん先進国もそれで経済が発展していく。そういう関係です。

そういう関係が日本から始まって、今度は韓国に行って中国に行く。これが北朝鮮に行って、旧満州に行ってシベリアに行ったらどうなるだろうか。北東アジアにおける経済発展のベルトという構想が可能ではなかろうかと思いだしたのです。これを私などはこう言っています。北東アジアにおいては、プラス・グローバリゼーションの流れがある。つまりグローバリゼーションが成功したほうである。これを、アメリカと中南米の場合に比べると、そこはうまくいっていない。マイナス・グローバリゼーションと言えるかもしれない。それは、なぜだろうかという疑問をひそかに持っているわけです。

アメリカの支配への批判

アメリカの場合は、実はアメリカが中南米を政治的、軍事的に過剰に支配しているから真の意味においての市場経済がそこでは成立しないというようにも考えられます。そしてキューバや中南米の国々に見られるように政権を転覆しようとしたり、どうもアメリカの武力が、日本がかつてアジアを直接支配したみたいに今までは中南米を完全に直接支配するみたいになっているわけで、その軍事力が強大化することによって、世界に膨張していくような気がしてならないと思うわけです。

だから、このようになると、アメリカが完全な市場経済によって我々と交流すれば、アメリカは非常にプラスをするはずなのに、アメリカがあまり近視眼的に考えて、軍事的支配をしながら自分の利益を追求しようとするならば、これは困るという考え方がだんだんと形成されつつある。アメリカは戦争によってでもイラクの石油を求めると言われますが、これに対する韓国の批判がだんだん表れてきたというわけです。

そういうことで、それが端的に表れるのは、今でも韓国が反米を表明すれば、アメリカ軍を撤収させようとする。あるいは、韓国の経済評価を下げるとかして、とにかく圧力を加えようとする。なぜ公正な市場経済をしないのか、という考え方です。そのようにいろいろ批判があると思います。

そういう脈絡の中から、韓国の人たちは北朝鮮の問題に対して、こういうように思いだした。北朝鮮は核兵器の問題を解決して、韓国のように市場経済の中に入って来なさい。戦後において日本が経済を再建しようとしたとき、韓国が一九六〇年代に経済を再建しようとしたとき、中国が一九七〇年代に経済を再建しようとしたときは、今の北の経済とあまり変わらなかったではないか。だから、あなたたちもこの「平和の国際関係」に参加して、アジアの平和の中で、アジアの繁栄の中で、我々とともに進んでいくべきではなかろうか。そういう考え方が、ひそかにできてきたということです。

そういう考えから韓国の中に、ユーラシアの時代が来るかもしれないというひそかな希望ができてきた。EUの次に、今度は北東アジアに繁栄の時代がくる。そして南北の鉄道が連結されれば、これからユーラシアの時代が来るのではないかという考え方です。ヨーロッパといろいろ比較しながら、我々北東アジア人も共同の文化を持っていたではないか。そして、かつては世界的に文化において遙かに優位な国であり、繁栄した地域ではなかったか。こういう考えを持ちながら、新しい時代をとくに日・中・韓でつくっていきたいという希望です。そして、それに対してアメリカも平和的な意味で参加してほしいと思うわけです。

日韓問題の成熟

最後に一つだけ申し上げますが、盧武鉉次期大統領が、この前日本の外相が訪問してきたときに「靖国神社参拝という問題は非常に遺憾である。しかし、私は日本と対話を続けたい」と言いました。これは、韓国における日韓関係に対する一種の成熟を意味するだろうと思います。今までは、日本の教科書問題が起こり、靖国問題が起これば、すべての交流も中断するようなきわどいところまで行きましたけれども、もうそういうことはしない。それはそれで抗議はする。しかし対話は続ける。なぜならば、これからのアジアの将来が非常に重要であるからだということです。

私はこれからの時代をつくるためには、政治家よりも、もう少し知識人の努力が必要だと思います。政治家は次の選挙のことしか考えません。ヨーロッパでEUをつくっていったのも、ヨーロッパにおける知識人たちが少なくとも歴史を百年単位で考える人々が先駆的に働いて、それが政治に影響を与えたのです。

だから私は、今までは政治に翻弄された文化であるけれども、これからは文化の波の上に政治が浮沈するという時代を、つくっていかなければならないのではなかろうかとひそかに思っています。ご清聴を賜りましてありがとうございました。

小田川 池明観先生、ありがとうございました。大変深いお話で、韓国政治のダイナミズムから、盧武鉉新大統領が目指す改革政権のプロセス、特に目下の韓国の元気のいい状況を生々しく語られたと思います。そして、アメリカと韓国の関係も含めまして、北東アジアの新しい時代をどう築くか。特に、日本はどうすべきかというところが、非常に胸に響きました。特に最後のほうで、盧武鉉新大統領が日本に対して、靖国問題に対して抗議はするけれども、対話は続けていこうという呼びかけをしたことに触れられました。ここに、日本と韓国がどうやってこれから付き合っていくべきかということの、未来志向型のヒントが示されたと思います。

このシンポジウムは「東アジアの平和と民主主義」というテーマです。平和と民主主義を考える場合に、なんと言ってもただいま眼前に展開していますのが北朝鮮の核問題です。イラクの次は北朝鮮かという非常に危機感を感じさせる状況になっておりますが、そこからもたらされる東アジア、そしてアジア全体、もちろん世界に広がっていく混乱と恐怖を、どうやってくい止めていったらいいのか。

それを考える場合に、やはりまず足元から土台を作り直していく必要があるのではなかろうかと、私たちは考えたわけです。足元、つまり民主主義の問題になってきます。それと関連して、今日本で最大の北東アジア問題の焦点が拉致問題に絞られていますが、この問題をどうやって解決していったらいいのか。

一方では、日本がかつて朝鮮半島、そして中国に対して行った侵略の問題の根っこが、まだまだ残っています。補償問題も完全に解決されていない状況にあります。そして、日本と北朝鮮の国交問題が、今から大きな課題になって迫ってくる。それを踏まえて、ただいま池先生も言われましたけれども、東アジア共同体を、日・韓・中を軸にしてそこにアメリカも加わる形で作っていけないものだろうか。そして、北朝鮮の参加がそこに重要な課題となってくる。そういう大きな構想を描きながら、このシンポジウムの企画を立てたわけです。

第二部

パネル・ディスカッション

小田川　ただ今から第二部としまして、パネル・ディスカッションに入りたいと思います。パネリストとして池明観先生、そして韓国の元統一部長官の康仁徳先生、聖学院大学総合研究所の客員教授でいらっしゃいます。それから、後援していただきました朝日新聞総合研究本部の清田治史本部長に報告をお願いするわけですが、まず康仁徳先生から報告をお願いしたいと思います。

康さんは、韓国外語大のご卒業で、政治学博士です。冷戦時代、朴正熙政権の下でしたが、南北の厳しい対峙の中で、中央情報部で北韓問題を担当されました。北韓局長として対北朝鮮政策の、いわば実務責任者を務めてこられましたが、特筆大書されるべきは、その下で七二年にございました歴史的なあの「七・四南北共同声明」(本書、一八二頁)という南北の自主的、そして平和的、大同団結して統一を勝ち取ろうという声明をスタート台として出発しました南北対話の一連のシリーズがございました。そのときに南北調節委員として、北側との対話の前面に立たれたということです。九八年、金大中政権がスタートして、すぐに初代の統一部長官として、いわゆる太陽政策、包容政策と言いますか、関与政策を推進した方でございます。

一方で、七九年以来、韓国の極東問題研究所を主宰しておられます。ご著書は、『共産圏総覧』等々、非常に具体的な北朝鮮の実情、そして南北はこうあるべきだというご本を出されております。実は、池明観先生とは同じ平壌生まれで、平壌高校の先輩、後輩の間柄でございます。それでは、まず康先生、お願いします。

報告

韓国からみた北朝鮮問題の現在

康　仁　徳

今紹介いただきました康仁徳でございます。まず皆さんにお願いしたいのは、拙い日本語ですので、意味を十分ご理解いただけるか分かりませんが、あらかじめご了解いただきたいと思います。

さきほど池先生から、今の第一六代大統領選挙を通じた将来の韓国問題に対していろいろお話がありましたが、一つ一つ付け加えたいことがあります。この選挙はお分かりのように、池先生もご指摘なさいましたが、インターネット時代のデジタル世代が勝った選挙だということは確かです。今年の一月一七日の韓国の『文化日報』の統計を見れば、インターネットを利用している数が一、〇二七万、そして移動通信機器を持っている人が三、一三二万ですから、韓国人口の半分以上がインターネットを使っているということです。

その結果が「三八六世代」の登場です。三というのは三〇代。八というのは八〇年代に大学を卒業した、大学に通った。六というのは六〇年代生まれ。だから、一九六〇年代に生まれて、一九八〇年代に大学を卒業した三〇代。これを三八六世代と言っていますけれど、これが勝ったということです。この世代が年を取った世代を退けて勝利した。

実は、この三八六世代が韓国では注目されています。もちろん私も注目しています。特徴は四つぐらいあるだろうと思います。一つは、戦争を全然知らない。戦争の恐怖から解放された人たちです。二番目に、六〇年代に生まれて七〇年代の朴政権の維新独裁、そして八〇年代の全斗煥・軍部独裁、それと戦ってきた経験を学生時代に持っている。民主化運動、反独裁闘争の経験を持っている。どの世代よりも、より民主主義的な考えを持っている。三番目は、経済の高度成長化の中で育っている。だから、ひもじいとか貧困というのが分からない。好きなように食べたいものを食べて、使いたいものを使った。恩恵を受けた者たちです。四番目は、やはり先端的な高度情報化時代で育った世代ですから、デジタルとか新しい情報に携わっている、という四つの特徴を持っているといえるでしょう。

彼らと年取った世代、五〇六〇世代と言われる六〇代、五〇代とは全然違う考えを持っている。その三八六世代が選挙で勝ったということです。一部では、今度の選挙は論理的に、理論的に勝ったのではないのだ、選挙の戦略で勝ったのだという話をしています。一二月一九日が選挙でしたが、午前中に老人たちのほとんどの人が投票した。これだと野党のほうが勝つのではないかと予想されました。そこで、二時から三時の午後にかけて、この三八六世代の勢力がインターネットで、若い人びとに「投票してくれ、これでは勝てない、負けてしまう」と言った。その結果が何十万という若い人びとを投票所に集めて投票させた。二%の差で勝ったのはその結果だということです。

その後、韓国で起こっている現象がちょっと面白いのですが、今年の一月一六日の『中央日報』の統計によりますと、五〇代、六〇代の方々の七四・八%が急に老けてしまった。そして、五五・六%が社会から存在を外されたような挫折感で何にもできない事態に陥ったということです。それくらいのショックを与えたということです。

それを見ていると、今度の選挙でいわゆる地方の色と言いましょうか、それがなくなった。六〇年代から九〇年代の三〇年間、慶尚道の者たちが政権を握りましたが、その後九〇年代に入って、特に金大中さんになってからは全羅道が握りましたけれど、この選挙を見ながら、これでは相当長期間かけても、地方色の対決を全然解決できないのではないかと思うのです。なぜかと言えば、今度の選挙で全羅道では盧さんに九五%が賛成しています。これまでの見方であれば、こんな選挙があるはずがないでしょう。大統領候補は釜山出身者であるにもかかわらず、全羅道の人たちの九五%が賛成。これは何か政治的な路線とかそんな支持ではなくて、これは金大中政権の後押しをして、今の全羅道支配政権を継続させなければならないというようなあせりと言いましょうか、それがそのまま選挙に表れているのではないか。だから、〃南・南〃葛藤と言いますが、それがなくならないと南北間の葛藤が解消できないだろうというのが私の考えです。

このような前提の下にいろいろ見ていますが、池先生が今度の大統領演説の起草委員長をなさっていますけれど、どのような名文が入るかなと思っています。問題は、盧政権は自主的であろうという考えが強いことです。あとでちょっと詳しく話したいのですが、民族的な自主を優先する政策路線を表明するだろうと思います。

しかし、自主というのは能力がなければならない。国際的な環境を作ってやらなければならない。それだけではありませんね。北朝鮮政策に対する国民のコンセンサスがなければならない。特に国民の中に不安感があったら、民族の利益と国家の利益の差を如何に縮小しながら進むべきか、自主といった問題を具体化できるだろうかということがあります。そこでまず南北間の緊急課題として次の三つのことを話したいと思います。

一番目が北の核の問題です。私は一九六〇年代から七〇年代の約二〇年間、中央情報機関の北担当局長として情報分析を担当をしてきましたけれど、そのときから私は北で核を開発しているのではないかなという疑問を持ち始めました。一九七〇年代のはじめに北から亡命してきた対南工作員、いわゆるスパイたちを尋問すると、必ず出るのが核の問題でした。

そのときの話を少しご紹介しましょう。亡くなった金日成［主席］がしたという話です。これは一九六八年の一一月、科学院咸興分院での機密演説です。「第二次大戦後、今まで世界では何十何百の戦争が起こった。この戦争は大体アメリカが起こしている。にもかかわらず、アメリカの本土には一発の砲弾も落ちていない。この勝手さがアメリカ帝国主義なのだ。だから、これをぶち壊さなければならない。そのために私たちは、アメリカ本土にまで着く核兵器とミサイルを開発しなければならない」ということです。

第二番目は、「打撃を与えるには核でなければならない。だから核とミサイルを開発して、これでアメリカを叩く。そうしなければ、アメリカの世界的な帝国主義、覇権主義は直らないのだ、おさまらないのだ。これがあって初めて、朝鮮半島においての共産主義革命が可能だ」ということです。その間、皆さんもごぞんじのように一九五〇年代、六〇年代にかけて、中国とソ連との間でイデオロギー対立がありました。北朝鮮は最初はソ連と対立しました。そのような立場にもかかわらず、ソ連のドゥブナ核研究所に、毎年何人かを派遣し研究、教育させていましたね。なぜそんなに教育させたがるのか。今もう一度考えますと、やはり核を持ちたいという願いは今も同じではないか、と私は思うのです。

去る二〇〇〇年の六月、金大中大統領が北に行ったときに、大勢の方たちが一緒に同行しました。会社の会長とか社長とか、文芸活動をやっている詩人とか教授とかいろいろな方が行きましたけれども、彼らと会った金正日委員長は、特に注目しなければならないことにふれました。それは「私の権力は軍力から出る」という話です。自分の権力は軍事力から出る。これは共産主義のABCですね。権力は、政権の力というのは銃から出る。これは毛沢東の話ですが、そのような意味で話したとは思いません。それ以上の意味だと思います。この言明は彼の基本的な思想、信念ではないか。軍事力、これが体制を維持するし、軍事力が自分の政権、レジームを維持する源であるという考え方を金正日がしているとすれば、北が今出している「先軍政治」というのは、単純に軍事を優先する政治と解釈していいだろうか、それぐらいのことなのだろうか。私はそうではないと思います。彼の政治全体を示す言葉である。彼の政治の全体である。最近の北朝鮮の労働党の出版物を読むと「先軍後党」という文句が出ています。これが重要です。

だから、このような考え方を持った場合は、核に対する愛着、生物化学兵器とか、大量破壊兵器に対する金正日委員長のあの根強い愛着というのは、もう想像し得ないところがあるのではないか。特に、経済が全部めちゃくちゃになって、通常兵力を増加させるのにも足りない状態で、何を犠牲にして核を開発するだろう、と思っています。この側面からみれば、北の核に対する考えは、最初からアメリカとの交渉のための手段ではなくて、開発自体が目標ではないかと思っていました。北朝鮮の特徴である瀬戸際政策というのは相当長い期間くりかえし続くだろう。相当苦労しなければならないだろう。そう簡単に終わることはないだろうという考えを私は持っています。けれど、最近になって皆さんもご存知かと思いますが、昨年の一〇月、濃縮ウラン開発の問題が表面に出ました。米国国務省のアジア太平洋担当次官補であるケリーさんが北に行ったときに、核開発をしているのではないかと証拠を出したら、最初はしていないと北朝鮮外務省の次官が否定したのですが、その次の日に第一次官である姜錫柱——彼は一九九四年一〇月「米朝ジュネーブ基本合意」(本書、一八七頁参照)の枠組みを作った人ですが――彼が出て来て「いや私たちはそれ以上のこともできる」と言った。核開発以上のこともできる、やろうとしたらできるのだと言ったとのことです。その後、北朝鮮側では姜第一次官の話は、これを開発しているという話ではなくて、濃縮ウラン計画を持っていると言っただけなのにもかかわらず、アメリカは、濃縮ウランを開発しているのを承認したと解釈して、「アメリカは私たちに圧力をかけている」と。そういうように北は公式的なメディアでは話していますけれど。その間の動きを見れば、やはり北では核の問題に対しては相当根強く、米国と対応する覚悟であることは確実です。

二月一三日には、日本でも報道されていましたけれど、「もしアメリカのほうで圧力をかけた場合は、私たちは世界に駐在しているアメリカ軍のどこにでも打撃を与えるように対応できる。そしてこの問題をIAEAから安保理事会のほうに持っていった場合、これは私たち、北朝鮮に対する内政干渉である。まず、アメリカの核問題を議論しなければならなのではないか。なぜ私たちをまずやるか」というような話ですけれども、万事このような態度ですからそう簡単にいかないだろうと思います。

問題はアメリカです。私はソウルで話したのですが、アメリカは北との交渉をそう急いでいるような格好には見えませんね。北の動きを注意深くみているのかなという感じです。と言うのは、北が核開発しているということは、世界的に今進めているMD（ミサイル防衛網）の必要性を証明することになります。米軍にとって、東北アジアにおいてのMDを成立させるのに役立っているし、日本に対しても有事法案を成立させるのにいいのではないですか。

そのような意味でみれば、イラクの次という話にしても、アメリカとしては時間を稼いでいるとも考えられます。もちろん北朝鮮が今、核を持っているか持っていないかということですけれども、持っていたとしても、アメリカに到着するような射程距離を持った弾道ミサイルを開発するには、まだまだ技術的に問題があるという判断をしているでしょう。アメリカとしては、相当時間を稼いで、大体イラクの問題解決は四月ぐらいに始めると言っても、平和的にやっても戦争で終わっても、二カ月ぐらいはかかるだろうと思いますから、六月以降、七月ぐらいに北の問題に取り組んでもいいのではないかという考えをもって対応していると思います。

ブッシュさんの話は、北の問題は平和的に解決するということです。安保理事会の拒否権を持った五カ国と、そこへ南北二つ、日本、EU、オーストラリア、合わせて一〇カ国が集まってこの問題を議論しよう。日本の場合は五カ国と韓国、日本、七カ国が集まってやろうという話ですが、北が要求している米朝間の問題ではなくて、この問題を国際化させて、徐々に対イラク戦略みたいなところに持っていくのではないか。アメリカの対北政策は、対イラク政策と相当似ているなという感じです。

ですから、これは簡単に問題が解決する可能性はないと思います。北朝鮮側は相当長い時間、瀬戸際戦略を進めるだろう。それに対応しなければならない。そのときに、私たちが経験として受け取らなければならない教訓と言えば、やはり最後の段階では戦争の間際まで行くというようなやり方をするかもしれない、ということです。例をとれば、一九七六年、板門店でアメリカの将校二人が斧で殺された事件がありますね。そのときに、空にはB52爆撃機が飛ぶ、海のほうにはエンタープライズ号、航空母艦が入る、駆逐艦が入る。そしてグアム島から、そして沖縄から各種の爆撃機、戦闘機が飛ぶ。そして、休戦ライン全体には韓国軍が配置されて、戦闘直前まで行く。そのようにして圧力をかけました。

私はそのとき局長をしていましたが、北のほうから人民軍総司令官、金日成という名前で使者が板門店に来て「いや遺憾なことでした。謝罪しますから、これで終わりましょう」と言うのです。それで、終わりにしました。ここに北朝鮮の特徴があるのです。瀬戸際のところまで行っても、一八〇度転換するのがたやすいですね。だれも政策を決める人がいないのですから。いまや唯一、金正日委員長だけに決定権がありますから。これまでこう言っていたということが突然変わる。これはいつでも変わるわけです。だから、最後の段階になって手を挙げたら、極端に言えば、アメリカは私たちが手をあげればゆるすのだという考えを持って、対応するのではないかとも考えることができます。ですからそう簡単に解決できないだろうと思います。

その代わり、アメリカの態度はどんどん厳しくなっているのではないかという感じです。昨年の一月二九日、ブッシュさんは「悪の枢軸」という表現をしました。今年の一月二八日のブッシュさんの演説では、Outlaw Regime（無法政権）ですね。だから北の現在の政権では駄目だという話です。ブッシュさんが昨年の一一月一九日、「ワシントン・ポスト」でインタビューされたのを見ると「私は北の住民を飢え死にさせている金正日という人は、本能的に嫌いだ。財政的に負担がいくら多くても、私はこのような政権はぶち壊さなければならないと思う」。そういう話です。「私の対北政策には妥協という用語はない」という話ですから、個人的にもブッシュさんは金正日を嫌っているのではないか。このような態度なら、政策を決めるのに相当影響を及ぼすのではないかという感じです。

アメリカの対応は、核問題だけで北との対立関係を解消する、終わらせる、解決するということではないだろうと思います。核は核として、その他、皆さんお分かりのWMDの生物、化学大量破壊兵器を二つ合わせて五、〇〇〇トン保有しているのですから。今、イラクは一、〇〇〇トン持っているということです。しかし、北は既に八〇年代に五、〇〇〇トン、これは確認されていますから。これは世界人口を全部滅せるような量ではないでしょうか。これは許せない。だから、必ずこの機会にWMD問題を解決しなくてはならない。アメリカはこのような結論に至ったと思います。

それだけではなくて、通常戦力、通常兵力をどのようにするかということまで考えています。北朝鮮の全兵力一一五万の中で、約六〇%ないし七〇%が休戦ラインから六〇キロメートル以内に入っていますから、これをもっと遠く北方に移動しなさい。問題はここですね。通常兵器、兵力というのは、休戦ラインのほうに配置されていますが、これがあるので韓国の首都圏というのは人質になっていると思います。だから、一時間に五〇万発の在来式の砲弾が落ちます。

これをそのままおいては、アメリカが何をしようとしても、韓国のほうから足を引っぱることは間違いないことです。韓国の大統領はだれも朝鮮半島で戦争が起こるのに賛成とは言いません。起こしたら、この民族は終りだと思いますから。もちろん北は終わりでしょう。体制がそのまま崩れるでしょうけれども、それだけで終わるのではなくて、この民族が受ける被害はものすごいですから。北は韓国という人質を持っているから、アメリカに対しても大声でしゃべっているのではないか、どなっているのではないかと思います。だから、この通常兵器の問題は必ず解決しなければならない、解決しようとするでしょう。

それだけで終わるのではありません。人権の問題があります。国民を飢え死にさせるこの体制が駄目だというのがブッシュさんの考えです。そういった場合、これはもう相当長い時間をかけて、解決するというのではないと思います。また一つの問題だけで終わるのではなくて、どんどん徐々に攻めていくだろうと思います。これを北は分かっていると思います。アメリカの要求は核の問題だけではなく、政権の終わりの問題だと。だから、私たちの生存を約束する処置をとれというのが北の態度でありますから、これはそう簡単に解決できないだろうと思います。

ブッシュさんは、金正日は第二のフセインですから降ろすということですが、韓国の政治家たちは、いやそれは駄目だ、それだと戦争になるのだということで反対しています。ですから、私はこれは相当長い時間がかかるだろうと思います。

次は、盧大統領の新しく立てた政策です。選挙日は一二月一九日ですが、二二日に突然岩波書店から何か書いてくれと依頼され、『日朝交渉』という本に原稿を書きました。この本の中に、盧武鉉さんは将来の北政策をどうするだろうかということを書いておきましたので、あとで参考にしてください。簡単に言えば、彼は金大中政府の「太陽政策」をそのまま継承、発展するのが基本的な方針です。

実は、金大統領がお辞めになるということで、二月一〇日に大統領府で前の閣僚たちと昼飯を食べました。へッドテーブルのほうに私は座っていましたが、大統領は何か寂しそうな様子に見えました。その場所で、金大中大統領が太陽政策に対して自分なりの功績と言いましょうか、成果について話をされました。大体、四点あげられました。一番目は、就任以降五年間で、朝鮮半島の緊張は緩和されたのではないか。私もそのように認めなければならないと思います。その結果、ＩＭＦ（国際通貨基金）管理から抜け出すことができた。

二番目は、経済活動が安心してできるようになったのではないか。外国からの投資も入ったし構造改革機構もできた。ワールド・カップも成功に終わったし、アジア大会も成功に終わった。特にアジア大会は、一兆八千億ウォン（一、八〇〇億円）ぐらい投資したが、その結果、約九兆円ぐらいの経済的効果を得た。そして、一八万五千名ぐらいの雇用が創出されたから、成功だった。

三番目は、北に変化をもたらした。その変化は出ていますね。昨年の七月一日、経済政策管理の改革をやっていますし、南と北との経済交流を進めています。過去五年間を見れば、私たちが送った品物によってある程度北は影響を受けたと思います。例をとればラーメンです。最初は約一〇万箱ぐらい送った。北のほうで受け取った後で、いや、これを受け取ったら仕事が多くなって困るのですよと言うのです。何の仕事が増えるのですか、このまま配布したらいいのではないですかと言ったら、いやそうはいかないということなのです。パッケージに南の会社の名前が全部入っていますから。全部外して中身だけ渡さなければならないから。これはもう本当に大変な仕事になるのです。やがて、それをしなくてもいい時期が来ました。今はやっていません。今は全部そのまま受け取ってくれます。薬だけでなく、ラーメンもそうなりました。それぐらい変化しましたね。情報がどんどん入っているということです。

四番目には、金剛山の陸路観光道路ができました。休戦ラインを越え通過する道路もできたし、列車ともつながりました。それで鉄道シルクロードと言いましょうか、世界的なロードができた。釜山からシベリヤを通過し欧州をつなぐ鉄道が出現しました。このような成果をもたらしたということは確かです。これを私たちは否定することはできないと思います。

しかし問題は、さっきお話した通り南・南葛藤が深化しました。北に二億ドル裏金を渡したという事件です。金大中大統領自身がそれを認めました。それだけで終わってくれたらいいのにと考えています。それ以外の問題もたくさんあると野党が追求しているし、韓国の言論も相当の証拠もあるようなことを言っています。五億ドルないし一〇億ドルという話が出ていますが、私自身が南北対話を進めてきた者ですから、裏で工作する、即ち非公開で交渉するというのは当たり前のことですね。

しかし、金を渡したのは不法です。これでは法律違反です。実は韓国のキリスト教会の有力者が、北に行ったり来たりしていますが、その都度北のほうで、お金を持ってきてくれと言うのです。個人が北に訪問するのになぜお金が必要か、と言ったらお金がなければ上のほうから判が下りてこないからということですね。

昨年、御殿場で開かれた集まりに北のキリスト教連盟委員長が来ました。康永燮（カン・ヨンソプ）という人です。私とは平壌高等学校の同級生ですから、何十年かぶりで会ったわけです。久しぶりにいろいろ率直な話を二人でしました。同級生っていいですね。気をつかわずにしゃべってもいいのですから。私は彼に、韓国教会には二つの流れがある。一つは、進歩的な教会、他の一つは、保守的な教会である。献金を集めることが有利な教会は保守的な教会だから、あなたはいやかもしれないが、保守の教会に協力しなさい。こっちの進歩的な教会と協力しても、北に送る献金を多く集めることができないと話をしました。非公開的な交渉、これはやらなければならないのです。

問題は、しかし、進展があって現実に実りを取るような状態になった場合は、必ず公式な国家機関が正面に出て、結論を出さなければならない。前の政権はそこが少しまずかったなと思います。二〇〇〇年の六・一五「南北共同宣言」のときは、私は病院に入院していた時期ですから、テレビを見ながら同僚であるＫＣＩＡ長官で最後の特使として北に行った林東源（国家情報院院長）さんですが、彼が金正日と一緒に笑いながら話をしているのを見て、これは困るなと思った。南にスパイがいたら、彼が逮捕しなければならないのに、彼が北の者と笑って握手をしている。これで北との折衝ができるのか、と思いました。要するに、裏で交渉するときは裏でやるし、厳しい対応で公式な機関が表に出るときは出なければならない。それをはっきりさせることが原則です。それにもかかわらず、林さんのとった態度はまずかったなと思うのです。五億ドル裏金の問題は誰かが責任を取らなければならないでしょう。

時間がないので一言だけ付け加えます。「現代」が四億ドルを送ったということですが、それは金剛山観光のときに、亡くなった鄭周永名誉会長、今の会長の父親が決めたことです。私は名誉会長にこう言ったのです。「会長、あなたたちが金剛山の開発に参加する。私は歓迎する。あなたたちのプロジェクトを見たらこれ以外にも、開城の工業団地開発の問題、船舶の組み立て問題、貨物列車の組み立てといろいろなプロジェクトを持っているが、金剛山観光プロジェクトなら突破口を作るのに役立つ。国家のために話を取り付けてくれてありがとう」と。

ただし、お金は政府のほうで貸すことはできない。いや、政府に支援を要求しても応じることができない。それは九八年のことですから、私たちはＩＭＦの管理下にあった。そこで、「現在のあなたたちの資金を見れば、借金が資金の六倍、六〇〇％だ。政府の基本的政策は、借金を二〇〇％に減らすことである。だから、『現代』は四〇〇％減らさなければならない。これはあなたたちにだけあてはまる政策ではなくて、全企業にあてはまる原則だから、これは私はどうすることもできない。だから、あなたたちは六〇〇％の借金を二〇〇％に減らしなさい。努力してください」といいました。これがなければ銀行からお金を借りて、北に投資すること自体、駄目です。これは大原則です。

第二番目は、政府が持っている南北交流・協力基金は全部で五千億ウォン、五〇〇億円ぐらいです。この資金は「現代」のような大企業、大手企業のために使うお金ではなくて、中小企業の対北貿易支援または、亡命者、離散家族を援助するなどのいろいろな必要に応じて使う資金です。このお金を支援してくれと言ってもできない。だから、あなたたちのお金でやりなさいと言ったのですね。亡くなった鄭名誉会長は私に「長官、それは当然の話だ」と言いました。その後私は、鄭夢憲会長（二〇〇三年八月死去）に「会長、銀行または政府から資金支援を受けることは断念しなさい。あなたのお父さんは若い時、父上が牛を売ったお金を盗んで故郷を逃げ出し、ソウルに来て熱心に昼夜問わず働き、今の財産を築いた。あなたたちは既にそれを分配されたのではないか。老会長本人が残した株、不動産またはその他の財産は、彼の願い通り故郷に貢献する形にして、若い時の過ちを清算できるようにするのが道理ではないか。再び強調しますが、金剛山観光開発に参加することに対して政府は賛成しますが、あくまでも、このプロジェクトは『現代』の自立的決定によって進めてください」と言いました。「現代」が持っている資金でやるべきだというのが、政府側担当長官であった私の決定でした。辞めたあと一年たって五億ドル裏金事件になりましたけれど、問題が尾を引かないで、これで終わってほしいと思います。

盧大統領には、自分なりの対北政策を進めてほしいのですが、重要なのは核の問題です。安保を守る決意がなければ、北と交渉はできません。これは外交の原則で、内政の延長としての外政という話がありますけれども、対北政策も全く同じだと思います。ですから、これをどうするか。ラムズフェルド国務長官は、盧政権がアメリカに米軍の削減、移動の問題を提起したから、それに応じて今から盧政権と米軍の削減の問題、基地の移転の問題に対して協議を進める、という話をしました。

ちょっと残念な考えですけれど、このような話は私たちのほうから出したら駄目ですね。駐韓米軍の撤退または削減問題はまず、アメリカのほうから私たちに提起するようにしなければ駄目です。その理由は、わが国の安保に対するより確実な担保を引き出すことができないからです。米軍が「あなたたちが出てくれと願うから出るのだ」と言うようになれば、アメリカは同盟国家としての責任を取るはずはないでしょう。私は、一九七〇年代、米軍の撤退の問題で、最後までアメリカの執務担当者と交渉しながら、米軍は絶対に撤退したら駄目だと言ったのです。撤退するならそれに見合う補償、軍事援助をしなさいと言ったのです。このようなねばりづよい交渉の結果、米国は二億ドルの軍事援助を約束したのです。私たちはその次の日にはがらっと変わって、米軍二個師団の中の一個師団は残っているからかまわないのだということを国民に宣伝しましたけれども。弱い私たちのほうから先に「撤退してもいいのだ」というような言い方、これは政策としてまずい。そうやった場合は、国民の不安感が増える。国民の不安感が増えた場合は、この政権の対北政策に賛成を得ることはできない。

三月一日、韓国の保守勢力は一〇〇万を動員すると予測されています。そして米軍撤退をアピールし、進歩勢力に勢いを誇示します。このようなことが起こるのはちょっとまずいなと思います。

韓国のNGO団体の中で一番力を持っている団体で、「経済正義実践市民連合」(経実連)というのがあります。これが昨年一二月一九日、選挙が終わった次の日に、「新しい大統領当選者に望む」という長い声明を出しました。その第一項目に、金大中政権の太陽政策は評価されなければならないが、あまりにも一方的に推進した。その結果、南において内部の葛藤が起こったという評価をしています。韓国内で南・南の葛藤が起こったら、対北協力は自ずから弱まる。だから、コンセンサスを作っていい政策を進めながら、裏金事件のような結果をもたらさないようにするべきであるというのが、私の韓国国内においての願いであります。これについては、あとで詳しく述べたいと思います。まず、これで一旦終わります。

小田川　ありがとうございました。統一部長官としてのご体験から、秘話をいろいろ公開していただきまして、大変参考になったと思います。

続きまして、朝日新聞総合研究本部長の清田治史さんにお願いしたいと思います。清田本部長は韓国の延世大学に留学経験があり、庶民の視点で韓国報道を続けてきた記者です。マニラ支局長のあと、九三年からソウル支局長として北朝鮮の核問題を第一線で取材し、九六年には米ハーバード大学の日米プログラムフェローを務めました。帰国後、外報部長、東京本社編集局次長を歴任し、昨秋から論説主幹、編集局長とともに朝日新聞報道の要をなす総合研究本部長です。本日は、拉致問題にも触れていただいて、ご報告をお願いしたいと思います。では、よろしくお願いいたします。

報告

日朝交渉の行方を中心に

清田治史

ご紹介いただきました朝日新聞の清田です。私ども総研本部は社内シンクタンクとしてあれやこれや万屋をやっていますが、大学との関係で言いますと、講演とかシンポジウムに論説や編集局幹部らを派遣したり、大学のメディア研究部門への寄付講座、冠講座のマネージメントをしたりしています。言ってみれば、人材派遣業ですか。私は、九三、九四年の核危機のときにソウルにいて、それから、第一次日朝交渉が九一年から九二年に展開されたわけですが、その際も外報部デスクとして、側面から携わっていました。いまも私はコリア・ウオッチャーの端くれでありたいと願っていますが、なにぶん第一線を離れて久しいので、どこまで生きのいいお話ができるか自信はありません。

朝日新聞は、政治家や外交官の方々を始めとするお役人がやることに対しては、基本的に辛口の立場をとることが多いのですが、今回の日朝交渉の日本の基本スタンスについては社説も評価していますし、個人的にもかなり高い点数を上げていいのだろう、と僭越ながら思っています。

日本の戦後外交、特にアジア外交は、アメリカの冷戦戦略に組み込まれる形で、つまり日本をアジアの工場、反共の砦として育てていくという米国の大きな戦略枠の中で展開されてきました。サンフランシスコ講和直後の東南アジア諸国との賠償交渉から国交正常化にいたる過程はまさにこうした基本線にのったものでしたし、韓国、中国との国交正常化もその延長戦上だった、といえます。

韓国との正常化の背景ですが、米国ではケネディ政権になって、ベトナム戦争が本格化します。軍事クーデターによって登場した朴正熙氏は後の「漢江の奇跡」の土台となる第一次五ヵ年計画を懐に暖めてワシントンを訪ね、アメリカの支援を要請しました。しかし、ケネディ政権側は、自分たちは今ベトナムに足を取られていて、とても韓国に本格的な支援をしているゆとりがない、だから戦後復興のなった日本に助けてもらいなさい、と。その後、朴政権は当初、かなりいやがって、交渉も紆余曲折をたどりますが、基本的には米国の思惑の中で、国交正常化が軌道に乗っていった。

中国についても、ニクソン・ショックが直接的な引き金となりました。中国とソ連の対立が深まっていくなかで、ニクソン政権がソ連の封じ込めをより強める。対ソ包囲網の強化のために、中国と大和解に転じる。日本はそれまでも地道な対中正常化の努力は続けてきたのですが、なかなかきっかけがつかめないでいるうちに、米国に先を越された。米中の戦略的和解に背中を押される形で、国交正常化を成就させる。まことに残念ではありますが、日本の戦後のアジア外交というのは、基本的にはアメリカの掌の中で踊らざるを得なかったのです。

従って、今回の日朝正常化交渉は、日本の最後の戦後処理であると同時に、成就すれば事実上、初めての自前の国交正常化になる。その歴史的意義は大きいと思います。

それから、今後の北東アジアを展望していく上でも、先ほどから池先生が強調されていましたが、世界でも冷戦の残滓が色濃く残っている。北朝鮮がその中心ですが、そこに大きな風穴を開け、それこそ池先生の表現をお借りすれば、日本、韓国、中国、ロシア沿海州、モンゴルという広大な北東アジア地域に新しい平和と安定、さらには、繁栄の時代の門戸を開く可能性が開かれていく。そうした意味で、今回の日朝交渉には大きな歴史的な意義があり、ぜひ成功してもらいたい、私たちもそのためにできる努力はしなければならないと思うわけです。

しかしながら、現実はこれとは逆のベクトルが強く働いています。国際的には新たにウラン濃縮による核開発問題が浮上し、国内的には拉致問題がいっそうねじれた形で迷路に入り込んでしまったのです。残念としかいいようがありません。

核問題ですが、私が直接取材していた九四年の「ジュネーブ合意」は、プルトニウムの再処理を封じる、つまり北朝鮮が原爆を作るのに便利な黒鉛減速炉というのを開発していたものですから、これをやめさせ、その見返りにプルトニウムを抽出しにくい軽水炉を提供するというものでした。今回、明るみに出たウラン濃縮を禁じる直接の文言は「九四年ジュネーブ合意」（本書、一八七頁参照）にはありませんが、北朝鮮が事実上、核放棄を国際的に宣言した「九四年ジュネーブ合意」の基本精神に反するのは明らかです。もうひとつ九二年の韓国との「朝鮮半島の非核化に関する共同宣言」（本書、一八六頁参照）がありますが、ここで北朝鮮はウランの高濃縮施設はつくらないということを明言しています。したがって北朝鮮が国際社会、もしくは韓国に対する国際公約を踏みにじったということは、どうしても否定できそうにありません。

なぜ、こうした事態に立ち至ってしまうのか。拉致も核も、やはり基本的に北朝鮮側に読み違いがある、極端な閉鎖態勢ゆえの外の世界に対する情勢認識、判断に決定的な誤りがある、としかいいようがありません。それと金正日総書記ひとりが基本的にあらゆることを決裁するという一人独裁そのものの限界だと思います。

今回の場合も恐らくそうだったのではないでしょうか。拉致問題でいえば、北朝鮮では世論というものの本質、大きな役割というものが基本的には理解されてない。金総書記とすれば、拉致問題は自分としては満額回答をした、満額回答どころか、プラスアルファまでしたという思いだったのではないでしょうか。たしかに日本側の大方の予想は、北朝鮮側の今回の回答は、行方不明者に対する誠意ある調査、それから横田めぐみさんら特に話題にのぼっているごく少数の健在消息、さらには再発防止の約束ぐらいだろう、というものでした。しかし、ふたを開けてみると回答内容は予想を超えた詳細ぶりでした。しかし五人生存はともかくも、めぐみさんら八人死亡という事実は衝撃的でしたし、国家の最高指導者自らが、これまでの拉致疑惑否定を全面的に覆して国家テロ、テロ国家であるということを事実上、自ら認めてしまう。これは私たち日本人にとって、二重の衝撃であったわけです。

ただ、拉致問題がこじれにこじれている理由には、日本側の事情もあることを指摘しておかないと、公平とはいえないでしょう。日本には残念ながら、ゆがんだナショナリズムが充満しています。「失われた十年」の自信喪失、傷心を背景に、傷ついたナショナリズムがちょっとしたきっかけで燃え上がる。しかも、今回の拉致問題では、残念ながら少なからず多数のメディアが必要以上にそれを煽る傾向が強い。

次に核問題です。米国ではケネディ上院議員のように、イラクより北朝鮮の方が深刻ではないか、核・ミサイルとも技術的にも開発段階としても北朝鮮の方がはるかに先行しているではないか、と指摘するひとたちも少なくありません。事実、そうなのですが、ブッシュ政権にとってはやはりまずイラクありきなのですね。政権中枢に入り込んだ「ネオコン」（新保守主義）と呼ばれる要人たちには、もともとユダヤ・ロビーだった人たちが少なくないし、九・一一が狂信的なイスラム原理主義者によるテロであり、イスラムを中心とする過激派テロを最大の国家的脅威と見ていることが大きいのだろうと思います。

またクリントン政権のときは、中東と朝鮮半島の二正面作戦で勝利を収める戦略、いわゆる「ウィンウィン」戦略だったのですが、ブッシュ政権は登場と同時に、国防戦力の見直しを行って、基本的に本土防衛を最優先し、海外では二正面で同時に全面戦争はしない、という戦略に切り替えました。二つ同時に紛争が起きれば、一方はそれ以上広がらない状態に押さえておいて、もう一方で完全に勝利する。その後で残りのところに全力を注ぐ、というものです。これを現実に当てはめると、まずイラクを優先して決着をつけ、次に北朝鮮問題に照準を合わせるということでしょう。

北朝鮮にとって、ウラン濃縮計画が国際的に暴露されてしまった事態は、そうとうな危機であるはずです。しかし、北朝鮮という国は不思議に危機を危機と思わないところがあります。むしろ「危機は好機」と見て、これを機に米国を交渉の舞台に引っぱり出し、米国から現体制の生き残りに向けた保障を取り付けようと勝負に出ているように見えます。北朝鮮の対外戦略を見ていますと、いまだに抗日時代の「パルチザン闘争」方式を続けているのだな、と思うことがあります。どんな危機に陥ってもそれを逆手にとって好機に変えていこうとする、それができるのだと信じている、少なくとも信じていたいのだな、と。

今後の見通しですが、これも康先生とほぼ同じです。ぎりぎりまで緊張が高まっていくと思います。なぜならば、アメリカ自身がまだ北朝鮮の核問題に対し、包括的、体系的な基本戦略を立てていない。アーミテージ米国務副長官が二月四日、上院の証言で直接対話の必要性は疑う余地はないと言いながら、もう一方で、しかしそれでも単なる二国間問題にはしないのだと説明している。米朝二国間対決へと舞台が絞られることに対し、非常に警戒的ですが、だからといってこれといった明快な対処方針があるわけでもない。まだ時間稼ぎをしておきたいということだろうと思います。

こうした中で、北朝鮮はやはり危機は好機ですから、米国を引っぱり出すために瀬戸際政策をエスカレートせざるを得ない。これから想定されるのは、実験炉の再稼働とか、九四年の枠組みで建設を途中でやめた新しい原発の二基の再建設着手や、再処理施設の再稼働、ミサイルを実験するぞという脅しとか、実際に試射をして見せるとか、究極的にはもう核を持っているよという核保有宣言……。その辺まで十分行きうると思います。米国がこのまま手をこまねいていればですが。

もう一方で、恐らく北朝鮮は米国と韓国の離間策を強めてくるでしょう。特に、盧武鉉政権を支持している若い世代は基本的に「民族」というものを発想の基本にしていて、反米感情もかなり根強いものがあります。そうした韓国内政を見越して盧武鉉政権の取り込み工作を強めるという可能性は高いと思います。

一方で、中国とロシアへの接近も試みるのではないでしょうか。江沢民中国前国家主席が二、三年前に平壌を訪問したとき、約束してくれた経済支援が期待したほどでなかったことから、対中関係はかなり冷え込みました。そこで、このところロシアカードを積極的に使ってきましたが、米国に対抗するためにはロシアだけでは足りません。今後、中国への秋波をさかんに送っていくのではないかというふうに見ております。

一方の米国の選択肢ですが、ここではニューヨーク・タイムズが報じた「状況対応型封じ込め」(tailored containment) をご紹介しておきたいと思います。平和的解決、対話解決を基本とし、軍事衝突は回避しながらも、他方で外交的圧力はむろん経済制裁も動員して北朝鮮を孤立させ、核放棄を迫っていく、体制の変化を促していくというものです。軍事衝突はぎりぎりのところで避けながらも、動員可能なむちはすべて使っていくというものです。私はこの線がかなり有力ではないか、と思っています。

ブッシュ政権でも、イラクのような軍事オプションを取りにくいのは、さきほど康先生がおっしゃった通りです。イスラエルがイラクのオシラクというところで建設途中の原子炉をピンポイントで爆破・破壊したことがあります。対北でも限定的な軍事オプションがあり得ないわけではないのですが、それが引き起こす全面戦争の恐れを考えると、現実味は遠のかざるをえません。核といわずとも、ソウル首都圏二、〇〇〇万人と在韓米軍三万七、〇〇〇人が北朝鮮の多連装ロケットを中心とする通常戦力の人質にとられています。日本もノドン一〇〇基前後の射程圏内に入っている、つまり、日本も人質に入っています。こうした状況では、日本も韓国も本格的な武力衝突に発展するようなオプションは困ると米国に強く働きかけるはずです。

それではなにが平和解決に向けた必須条件なのか。やはり日米韓に中国とロシアを加えた五カ国の協調体制がいかに構築できるのか、にかかっているのだろうと思っています。

まず米国です。これは希望でしかないのですが、単独主義をどこまで抑制できるのか。今のところイラクと北朝鮮に対しては、いい意味でもダブルスタンダード戦略をとっているわけですが、先行するイラクがどういう形で決着がつくのかがひとつの変数です。今、米国の単独主義に対して独仏をはじめとする欧州の有力な国がかなり強い牽制をしています。それでも戦争になった場合ですが、前回の湾岸戦争では地上戦は首都圏などでは戦われていないわけで、今回、バグダッドなどで白兵戦が展開され、BC（生物化学）兵器などまでが使われることになりますと、米軍に大きな損害が出る。

ご承知のように、ソマリアの事態以来、米国では軍事作戦ではゼロ・カジュアルティ（犠牲者ゼロ）が大きな標語になっていますので、イラクで大きな犠牲が出るようだと、対北朝鮮戦略にも影響が出て来ざるをえない。対イラクがどういう決着の仕方をするのか、対北朝鮮戦略を見ていく上でも、大切なのだろうと思っています。

盧武鉉政権については先ほど申し上げましたように、いかに現実主義的なスタンス、国民糾合の幅広い政治スタンスをとれるかどうか、が大きなポイントだろうと思います。国論が反米、反北へと二分されていきますと、選択の自由度が失われていって、政権が立ち往生するといった事態さえ考えられます。ですから、そこはいかに自分の支持基盤である若い世代に対し、大きな状況の中での大きな政策をいかに説明しうるか、説得しうるか。そこがポイントではないかと思っています。

日本は、いかに黒子役、脇役に徹し切れるかが試されているのだろうと思います。小泉さんというのは、歌舞伎好きで目立ちたがり屋、平壌に行ったときはなかなか格好良かったのですが、どうもこういう脇役では力が抜けてしまうようなところもあるようです。今のところ、外交当局はまあよくやっていると思います。例えば、「ジュネーブ合意」の枠組みの中でKEDO（朝鮮半島エネルギー開発機構）というのができたのですが、ブッシュ政権はこれが気に入りません。クリントン政権の作った枠組みということもありますが、すでに重油や運営拠出金を出し渋っています。日本と韓国は、それでは駄目ですよ、北朝鮮に対するアメとして担保しておかないと、と説得を重ねているわけです。けっこうねばり強く頑張っていると思います。KEDOの枠組みをそのまま維持することは難しいにしても、中国、ロシアも参加させ、「ジュネーブ合意」で明文化されていなかったウラン濃縮などもしっかりと盛り込み、いわばKEDOの拡大再編版の仕組みを目指すべきではないか、と思っています。

それから、まあ比較的よくやっているのは、これも「ジュネーブ合意」の産物ですが、日米韓の三国調整グループ会議があります。これは次官補級なのですけれども、これでも末期の金大中政権と盧武鉉次期政権と米国とのパイプ役を、日本の外交当局が地道に果たしております。これを次官級とか大臣級に引き上げ、ここで話し合われたことが即座に政策化され、実行に移されるというような態勢に持っていくこともひとつの手ではないかと思っています。

IAEA（国際原子力機関）が安保理にこの問題を付託しました。ここでも日本はなかなか努力をしまして、いきなり経済制裁とか制裁決議の話はしない条件というふうに、舞台裏で根回しを一生懸命した。これは認めてあげていいと思います。

平壌宣言でも盛り込まれましたけれど、多国間対話の重要性というのが、平壌宣言の意義の一つなのですが、南北米中の四者に合わせて日ロも含めた六者会議の大きな枠を、一歩でも実現に近づけるような努力、根回しをすべきだろうと思っています。

中国ですが、なかなか難しいのですね。基本的に二一世紀の東アジアの覇権は米国と競い合うことになるだろうという覚悟はあると思います。経済建設が最優先ですから、北京の直近の北朝鮮の安定が乱れてほしくないという思惑もある。そこで、北朝鮮に対する油、穀物を必要最低限ですが支援を続けてきているのです。悪口を言う人は、生かさず殺さずと言いますけれども、それでも北朝鮮にとっては大変貴重な支援者であるわけです。

こうした基本スタンスを持つ中国に対し、日本はもっと説得を重ねる必要があるのだろうと思います。先ほど康先生もおっしゃったように、北朝鮮で核開発が行われるということは、私たちはそう思いませんけれども周囲の目、特に北京の目にはそうかもしれませんが、日本、韓国、台湾へと核ドミノが広がっていく恐れがなしとしない。核武装の現実味は薄いとしても、少なくともミサイル防衛網の配備、促進ということは確実に進むだろう。中国にとって、日本にミサイル防衛が整備されることもいやですけれども、それ以上に台湾への配備がなんともかなわない。台湾に対する武力統一路線をまだ捨てていませんので、台湾にミサイル防衛網の傘がかかるということに対しては、非常に神経質になっています。そこで北京に対しては、北朝鮮の核開発が北東アジア地域にもたらしかねない影響を強調する必要があるだろうと思っています。

ロシアについては、アジア外交の失地回復という意欲をプーチン大統領が持っています。シベリアはソ連崩壊後、人口がどんどん減っていって空洞化現象が起きています。モスクワ中央としても、極東部に中国の影響がどんどん浸透していって、不安定化するということに神経質になっていて、恐らくそれがプーチン政権の最近の、東アジア外交積極化ということの背景にあるのだろうと思います。

その中で、具体的にはシベリア鉄道の南北朝鮮鉄道との連結ということをプーチンが言っていますけれども、当然、ロシアにも北朝鮮にも金がありませんので、そこは日本が期待されているだろうと思います。日本も国家財政はむちゃくちゃですから、そんなゆとりはあるかどうかは分かりませんが、中長期の関与の可能性はあるかな、と思っています。

私自身は、この周辺六カ国以外の大切な要素として、北朝鮮の経済があるのではないかと思っています。去年の夏前に、経済改善措置というものが発表されました。公定価格を大幅に引き上げ、闇価格に近づけたり、ドルの交換レートを実勢のレートに近づけたりした。要するに、闇市場の取引に公の配給制度が負けてしまった。それを追認して、配給ルートにまた物資が戻ってくるようにという側面が強いと思います。

ここで問題なのは、価格は上げたけれども、物資の供給は増えない。今のところは食糧もその他の物資の供給も増えないわけですから、一方的に価格が野放しに上がってしまう恐れがある。ハイパー・インフレですね。類似の例としては統一後のベトナムでありました。ベトナムでも、同様の価格引き上げ政策がハイパー・インフレを引き起こし、それを引き金として本格的な経済改革、つまり、ドイモイ路線に踏み切っていくわけです。今、北朝鮮でも地方で米などの物価上昇が伝えられ始めているようですが、この経済システム破壊が急速に進行していくようですと、これも平壌の対米、対日、対韓戦略の弱点として働いていく可能性があろうかと思います。

最後は、東アジアの多国間の信頼醸成から始まって、経済共同体からさらに包括的な東アジア共同体へという、夢というか、展望をどう切り開くか、という点です。私たちも北朝鮮張りに「危機は好機」なのだと、「ピンチはチャンス」と思うべきだと思います。拉致問題も大切ですが、これだけに目を奪われているわけにはいきません。信頼醸成措置では、今でも「トラック2」で政府や研究者らが私的な立場で研究交流したり、中国と韓国との軍事交流とか、ASEAN+3での地域の安全保障とか経済課題などについて対話の増進をはかったりしているわけです。むろん、経済や安全保障なども含めた共同体ということになると、なかなか一朝一夕にはいきません。欧州でも半世紀がかりです。石炭同盟から産声を上げて、徐々に経済共同体、さらには政治や安保、金融政策も含めた共同体へと発展させ、さらには東・南欧への統合拡大と続いていこうとしている。東アジアの地域は、域内の発展段階も、社会の成り立ち、体制や思想も大きく異なっていて、欧州以上に道のりは遠いかもしれません。しかし、それでも始めなければ、何も生まれることはありません。理想は高く、しかし打てるところから一つずつ礎石を打っていくという心構えが、こういう危機の中でも必要だろうと思います。

その上で、では日本がその旗振りというか、根回し役をやる上で、やはり日本の負の遺産として歴史問題の重荷があいかわらず日本の頭上にのしかかっている。私もマニラにいたことがあるのですが、シンガポールでも香港でもマレーシアでもそうですが、まだまだ日本社会、そのシステム、体質に対する懸念、不安というのは拭いきれていないと思います。つまり、強度な集団行動性とか、政策プロセスが表に見えない透明性の欠如の問題、そこから生じる予測不可能性とか、そういうものに対する不信、不安感がまだ拭えていません。

特に韓国、北朝鮮、中国との歴史認識問題というのは、まだまだ未決着のものが山ほどあるのです。その解決のためには政府だけではなく、大学の研究機関とかNGO、NPOも含めて、非常に重層的な努力、試みがみんなの創意工夫で進めていかなければいけないのではないか。

最後になりますが、東アジアの多国間の枠組みの中で、韓国と日本はその中核を担うのだろうと思っています。日韓両国が東アジアのドイツとフランスになれるのかどうか。ここが東アジア、北東アジアの多国間の信頼醸成、新たな平和と安定の枠組みづくりを進めていく上で決め手になるのだろうと思います。韓国は、民主化のプロセスを着実に進めています。軍事独裁を自分たちの血と汗でもって終止符を打ち、民主化を自分たちの手でつかみ取ったという、政治に対する熱い思い、距離感の近さということもあるのだろうと思いますが、足踏みをしている日本よりはるかにダイナミックに着実に民主化を深めている。

もう一方で、韓国はつい私が特派員をしていたころまでは、日本との貿易逆調に大変神経質でしたが、池先生のご紹介にありましたように、中国という大市場、大投資先を見つけ、日本に対してはさほど神経質ではなくなってきた。しかも、ADSLを始めとするIT社会化という点では、日本の何歩か先を行っているところもある。いずれにせよ民主主義や市場経済のあり方で共通の理念を持ち、相互理解の輪が若い世代で急速に広がっていることなどを目の当たりにするとき、日本と韓国は今後、互いの努力を着実に重ねていけば、本当の意味での近しい国になっていくのではないか。日韓の絆を強めるということが、北東アジアの新たな枠組みの出発点になるのではないか、そんなふうに思っております。

小田川　ありがとうございました。大変精密なご報告で、多分一九四五年から二〇二〇年ぐらいまでの過去、現在、未来を全部語っていただいたのではないかと思います。この地域の問題解決には、多元方程式を解くぐらいの難しさがあるのですが、多元方程式のすべての要素が語られたと思います。

質疑応答

小田川 それでは第三セッションと言いますか、質疑応答に入りたいと思います。質問がいくつか来ております。核問題とか、東アジア共同体、金正日の訪韓、その他の質問がきております。せっかくですから、お三方の基調講演ならびにご報告に沿って、私のほうから先に補充質問させていただきたいと思います。

池明観先生にお願いしたいのですが、韓国の眼前に展開されています改革志向の動きがございますけれど、私は最近ソウルにおりまして感じますことは、韓国の元気に比べて、いかにも日本は青菜に塩みたいなところがありまして大変心配なのですが、その閉塞日本の背景にあるのは、やはり日本の保守化傾向ではないかと思うのです。もちろん、保守＝悪という意味ではなくて、高度成長をひた走ってきた日本が、制度疲労もありまして今、出口が見えなくなってきた。

一方で、飛行機でわずか一時間ないしは二時間の韓国は大変活力がみなぎっている。何か学べる点、あるいは学べない点とか、長い歴史の上で日本の現在の保守化傾向に対して、先生からご覧になってどういうふうに感じておられるのか、率直なご意見を伺いたいと思います。

池 日本のことについてはよく分からないのですが、韓国の変わり方と日本の変わり方は違うのではないでしょうか。日本は地方から変わるような気がします。韓国は中央政権を変えることに集中して地方があまり変わっていないのです。だから日本では、これからやはり可能性のあるところから始めないといけないです。そういうふうに考えると、日本の国でより可能性のあるのは、地方自治体ではないかと思います。それははるかに韓国の中央民主主義よりは進んでいると思いますから、その辺りからもう少し日本はゆっくり変わるのではないですか。

韓国はドラスティックに常に変わるのです。

そういう点で、我々も日本から学んでいることはいっぱいあります。日本が韓国から学ぶというのはちょっとおこがましい話ですが、もしもあるとすれば、刺激を受けることだと思います。何か分からないけれども、向こうはああいうふうにやっているのに我々はどうすべきか。それでいいのではないかと思います。

小田川　刺激を受けることができるというのも、国のキャパシティだと思います。要するに、自助努力しかない。また民主化が導入される過程は、日本の場合は敗戦、韓国の場合は植民地からの解放だった。しかし、どちらもアメリカの介入による民主主義導入ということで、似たような点がある。ただ韓国の場合、南北の分断の中で、強権政治でなければ国をまとめていけなかったという事情があったと思いますが、民主化を進めるには血で闘うしかなかったというプロセスが、日本の場合はそうではなかった。経済成長の果てに、金を動かすのに熱中しすぎた面があった。そのため今に至って、こんなに開きが出てきたということかなと思います。

それから、清田本部長にお伺いしたいのですが、日韓がやはり主軸であるという趣旨でございました。この日韓の間に、やはり歴史のトゲというのが残っているのですね。戦後補償問題が最たるものですけれども、しかし教科書問題、靖国と、どうもトゲが何か局部的に肥大化している面も感じられるということですが、一方で拉致問題が出てきた。日本国内では、この歴史の清算問題と拉致問題を絡めてはいけない。つまり、帝国主義時代の問題とその後一九四五年以降の、拉致は七〇年代後半ですけれども、絡めるとは何事かというお叱りもあるのですけれども。ただ私は、やはりそれぞれがきちんと解決を目指すということでなければ、どうもトゲというのは抜けないのではないかという気がします。

もちろん拉致は日本と北朝鮮の間のことですが、日本と朝鮮半島と広くとった場合、歴史問題と拉致問題の絡み具合をどうやって糸をほぐしたらいいのでしょうか。

清田　ものすごく難しい問題だなと思います。まず、七〇年代後半以降の北朝鮮による拉致問題と、植民地時代の日本の行為に対する認識、それを後世に歴史教育としてどう伝えていくのかといった問題とは絡ませるべきではないという主張は、確かにうなずける部分もあるとは思うのです。

ただ、やはり無視できないのは、拉致問題に関して韓国、中国はほとんど何も報じていないという点です。この落差は一体何なのだろう。いまは特派員でも、第一線の記者でもないので、現在の韓国や中国の方々の心のひだをかきわけることもできないのですが、おそらく韓国や中国のひとびとの心には、「では、日本は歴史問題にどう決着をつけたのですか」というわだかまりが残っているはずです。日本人の拉致問題は今日的問題として非常に切実である、人道問題であるという認識はもちろん韓国や中国の方は持っていらっしゃると思いますけれども、しかし、「だけどな」というこだわりの部分が大きいのではないかなというふうに推測します。

拉致問題を考えていく上で、急がば回れというのはよくありません、拉致問題に関連してそうした表現は適切ではないと思いますけれども、やはりそれとは別に歴史認識、個人補償の問題は日韓でもまだ残っている、その事実を正面から正視し、認識し、真摯な対応を考えていかねければならないのだと思います。

また戦後補償問題は新しい局面として、アジアだけにとどまらずに、アメリカの西海岸辺りでも、日本の歴史認識の在り方、戦後補償のあり方というものを、訴訟として問うてきているという事態に立ち至ってもいるわけです。

内輪話ですけれども、朝日新聞の社内でも、恐らく七〇年代、八〇年代ぐらいまではこの問題を社内で強く指摘したり、個人的に話し合うというのは、私たちコリア・ウオッチャーとか、アジア・ウオッチャーの人たちに限られていたわけですけれども、九〇年代の後半になって、むしろアメリカ・ウオッチャーの間で、日本の外交を本来の外交としてあらしめるためも、日本はやはり歴史問題を克服していかなければならないという認識が、これは社内の話ですけれども、急速に出てきて広がっています。恐らく、私たちが考えている以上に、外からの視線は険しい、そう受け止めるしかないと思います。

小田川　ありがとうございました。康先生に、フロアからご質問が来ています。今の核問題とも絡んでくるわけですけれども、結局、北朝鮮の存在ですね。東アジアの平和、そして民主主義を考えれば北朝鮮で、確か昨年夏から——清田本部長の報告にもありましたが——経済のいわゆる改革ということで多少の動きはあるわけです。もちろん制度的には表向き、ドラスティックな制度改革だと思いますが、中身がどうなのかということになってくると、首を傾げる部分もある。

真の北朝鮮の改革、開放というのは可能なのかどうか。こういう歴史的なプロセスがいろいろあった国ですから、そんな中で金正日総書記がそういうことを可能にできる何かを持っているのかどうか。あるいは、何かひょっとしたらポスト金正日という選択肢がでて来るのかどうか。その辺を含めてお話しいただければありがたいと思います。

康　まず、北の経済改革の問題です。北の改革を評価するためには、中国の改革・開放と比較したら、わかるだろうと思います。私は一九七九年、中国が開放をはじめて、約一〇年間ぐらい過ぎた八七年に、それを総括する二つの本を編集しました。一つは、『ペレストロイカとソビエトの変化』、もう一つは、『改革開放と中国の変化』という二つの本です。それを編集しながら感じたのは、思想を開放することが一番重要であるということでした。今までの考え方から抜け出すことができなければ、改革開放はできないのだろうということでした。「改革」という言葉と「開放」という言葉は全然違いますね。いくら対外的な開放をしたと言っても、対内の体制改革ができなければ、なんの意味もありません。だから、改革が進まなければ、開放の効果は出ません。

中国の場合、対内的な経済改革を進めた場合は、やはり社会、文化、政治面に多大な影響が出ました。思想までつながるわけです。例をあげれば、各企業が自由に自分の生産管理をするように決めたといった場合は、首切りをしなければならないし、不必要な労働者を減縮したら、社会的な失業者の問題になるし、保険の問題を引き起こします。これは社会主義の基本原理である平等思想に反することです。

北朝鮮で経済改革に踏みきった場合、体制改革、憲法または党の綱領を全部修正しなければならないということになります。だから、経済面で変化が始まれば、弁証法的変化が起こるということです。だから私はそのような面で見た場合は、今北がやっているやり方、さっき申し上げました通りに、先軍政治という大前提をおいて、そこにいくら経済改革をしたと言っても、根本が変わらないですから、いつどのような状態になるか分からないわけです。

その代表的な例が、新義州開放の問題でした。私は昨年、新義州を経済特区にするという発表があったときに、新聞にこんなでたらめな改革はどこにあるか。これが金正日さんのやり方だなという表現で書きました。三二平方キロメートルという大きな地域を開放しながら、最高人民会議で、特別に議論もしなかったし新義州特区の最高責任者に任命されたのが、中国人でオランダの国籍を持っている企業人でした。彼は四〇代の若い人。普通の企業経営者でなくて、成金でした。彼を長官に任命する。これはとんでもないことですね。

過去の話ですが、金日成さんが生きているときに、韓国の大手の会社である大宇（株）会長の金宇中さんと会って、「あなたは私の経済顧問をしてください。度々北に入って私の顧問役を担当してください」と、直接依頼したことがありました。もし、本気で改革を進めたいなら、地域を特別経済特区にしたいなら、南のほうには経験を積んだ優秀なCEOがいっぱいいますから、彼らを連れていって、任務を任せたらよいでしょう。言葉も通じるし、知識と経験も持っているし便利ではないですか。なぜ突然中国の者を長官にするのか、その理由がわかりません。

江沢民さんは新義州特区の長官に任命された揚という者を土地投機の疑いで逮捕しました。経済的な面ではその理由を解明できませんでしたので、安保的な理由があるのではないかと思います。

今、南北間で議論している開城工業団地造成問題も同じことです。そこに工業団地が完成した時、果たしてどれだけの南の企業が入るか不明です。開城工業団地に入った企業が南のように自由に企業活動が許されるかもわかりません。法律または規定が完全だと言っても、北の政権がその法律通りに実行するか疑問です。

一九八〇年代のことですが、アメリカで企業をしている友だちが二四、五人集まって北に入るとのことでした。なぜ行くのとたずねましたら、北朝鮮に投資して、品物を生産したいと思って行くのだということでした。故郷に投資するとのことですから、私はありがとうと言いました。しばらくして、彼らが北から帰り道にソウルの私のところに寄りました。そこで、結果はどうであったかと聞いたら、思わぬ返事をしました。友だちなどの話では、北に移った担当者に会って、「外国人の投資に関する法律がありますか」と聞いたら、「法律が何で必要ですか？　偉大なる主席様があなたたちに保障すると約束したら、それ以上確かな保障がありますか？」と言ったというのです。こんな考えを持った北に、果たして投資して良いのか疑問だと言うのです。

今も同じです。先軍政治というような絶対軍事独裁体制をとりながら、経済改革をして生産管理を少し変えた。これは成功するはずがないと思います。だから、本格的に経済改革を進めると決心したら、まず中央集権的な、強制的な命令、経済体制、これを崩して市場経済体制に変える方針をあきらかにしなければ、北の経済改革は私は進まないと思います。

改革ができなければ、いくら私たちが協力しても結果が分からない。資金をどこに使うか分からない。皆さんはご存知かと思いますが、スイスにいる北の大使、李という者ですが、彼は二〇年以上スイス大使ですよ。北から亡命した人たちに、李大使って分かっているかと聞いたら、大使と呼ばないんですね。李副部長ですか？　副部長ってどのような立場ですか、と聞いたら、労働党中央委員会の組織指導部の副部長だということでした。彼はスイス銀行に預けられている北のお金を管理している人です。

そのような体制ですから、私たちが協力すると言っても私たちが与えた資金をどこに使うか分からない。そんな具合ですから、私は北の経済改革に対しては最初から不信感を持っています。

昨年七月に発表した経済生産管理に対する改革措置の

こともそうですが、これは必ず失敗します。公的値段を闇値段に切り換えただけですね。為替とか鉄道運賃とか食糧、全部も。値段とかを正常化した、市場で通用している値段に決めたと言うのですが、後押ししてくれる品物がなければ、これはインフレになるのは当たり前のことではないですか。だから今は、北の住民の生活はもっと苦しくなっているということです。

北の経済を解決したいなら、体制改革を始めて、それを後押しするための南の私たちと協力することが、一番重要ではないでしょうか、私たちから愛国企業になってください、言葉も通じるし。南の企業が入れば、私たちから愛国企業になってください、損してもがまんしてくださいと頼めるわけですね。だから、まず彼らの頭の中を変えなければ駄目です。

昨年、私たちの漢陽大学の教授二人が北の金策工業大学という大きな工業大学に行って、ITを教育しました。帰ってきて話を聞いたら、熱心だったと言うのです。それで私が安心するのは、やっぱり情報が入ることです。世界がどう変わっているのかということを、北のエリートたちが理解することです。問題は、その彼らが一線に立って仕事をして一定の効果を出したら、北の支配者たちにも影響を及ぼすだろうと楽観的に見ています。しかし、新しい情報によって、頭が変わったエリートたちを資本主義の有害思想に汚染されたという名目で首を切るという方向に行ったら終わりですね。例をあげれば、新潟にある環日本海経済研究所と長い間付き合った金正宇という北の人が粛清されました。アジア太平洋和委員会――この機関は、韓国または、日本との交渉窓口役をはたしている北の代表的な機関ですが――この機関で長い間仕事をした黄徹というものが首切りされた。その理由は賄賂を受け取ったとのことですが、首になった。私たちは協力したいと願っているのですが、何もできません。ですから、経済改革というのは、北の場合、簡単ではないのです。最高支配者が決心しなければできないことであります。それをやる人はただ一人です。金正日です。

だから、金正日さんに直接改革するように言わなければならないのです。私は、小泉さんが金正日と会うとのことで、それはいいことですねと言いました。それは、直接金正日さんの耳に入るということです。下の者たちにいくら話しても、金正日の耳に入らないなら、何の効果もないのです。

私は度々、金正日体制が崩壊した場合、代わりに強硬派が出てくるのではないか、そのときどうするのかという話を聞きますが、私は金正日という人の代わりに強硬な人が出たと言っても、金日成のように鄧小平さんみたいな人とのつながりがない。つまり国際的な影響力はない。それとあの思想を受け継がなくていいといった場合は、プラグマティックな行動をとるのではないか。その意味では今、北の支配者、金正日以外の誰が政権を握っても構わない、これ以上の悪政はないと思うのです。

小田川　ありがとうございました。さらにフロアの皆さんからの質問にお答えいただければと思います。だいぶたくさんきていますが、私が交通整理をしながらそれぞれのパネリストの方に質問します。大体、核問題、東アジア共同体、アメリカの対朝鮮半島政策、拉致問題などに大別されると思います。

一番、大つかみのところからいくと、南北統一にかかわる問題についてです。

これは池先生にお願い致します。現在の韓国社会の反米風潮という問題です。まず、いわゆる反米と言われる問題についてです。在韓米軍やその兵士による少女殺人事件、これは在韓米軍の装甲車が、女子中学生二人をひいて死なせたという事件です。これによって、昨年年末から、ソウルの市役所前広場を中心にして全国的に集会が続いております。こういう事件は、沖縄での事件に呼応するように起きている。こうした在韓米軍がらみの事件が「韓国社会および政治に与えている影響はどんなものでしょうか」というご質問です。

そして、池先生に一緒にお願いしたいのですが、統一の問題についてです。素朴なご質問ではありますが非常に重要なことで、「本当に北朝鮮と韓国は一緒に統一できるのでしょうか。絵に描いた餅ではないのでしょうか」というご質問がきています。韓国社会の中の、むしろ最初に言ったほうがよかったかもしれませんが、三八六世代、さっきお話がありましたが、三〇代で八〇年代に大学を卒業して、六〇年代生まれ。「その特徴は、日本で言えば、団塊の世代の特徴と同じように思いますが、そうなると、韓国の三八六世代もいずれ日本のその世代がそうであったように、保守化して社会変革への意志は弱くなると予想されますでしょうか」。いかがでしょうか。

池　二〇代、三〇代というのが、常に韓国の政治を変えてきた世代です。これは一九一九年の三・一独立運動においてもそうだし、あるいは一九六〇年の四・一九でもそうですし、それからの民主化運動においても、勢力としては二〇代、三〇代がした仕事です。だから私は二〇代、三〇代は高く評価されなければならないと思う。これは革命の主体だったのですから。それからどうなったか。保守化もあればいろいろな変化があるでしょう。変革する主体というのはそういう世代である。しかし、その世代が次の時代を全部担っていくのではないのだと思います。変革の定義を作るのはその世代だと思います。

統一問題は、果たして南北がそのようになるのだろうかと言うことですが、これについて私はそういう疑問を持つことにしていないのです。例えば、今度のワールドカップでもスローガンとして、あの「赤い悪魔」たちの応援団が輝いたのは、夢は成し遂げられるということ。だから少なくとも韓国人としては、この夢を捨てきれない。生まれながらの願望ですから。そしてその方向に向かって、現実的にどのように動くかということは、非常にリアリスティックに我々は考えていかなければならない。だから、あした統一になるというようなことではないのですけれども、その方向に向かって動かないとならない。

少なくとも、最近書かれたある知識人の文章にもありましたが、鉄条網と機雷を除去して金剛山までバスで行けるようになったのは大変なことです。少なくともそこまでは行っているではないですか。これも、あるいは後戻りするかもしれませんが、大筋で言えば、歴史は一進一退するけれど、その方向に行ってしまうのだという信念ですね。だから、悲観主義を持っては歴史は前進しない。これが一つです。

反米問題は、私は今後も起こると思います。なぜならば、アメリカがよくないから。その場合に反米運動が起こるのはどうしますか。沖縄でも同じです。それはどうしますか。ただその場合に、政治家がそれに対してどう対処するか。あるいはマスコミがそれに対して、それをセンセーショナルに取り扱って、それを扇動するような姿勢はとらないとか。あるいは、政治家はそういうのをアメリカに十分納得させながらしていくとか。反米運動は起こるとしても、英知を発揮する。アメリカが世界制覇をますます進めれば、反米運動はますます起こります。これは仕方ありません。あるときには極端なところまで行くかもしれない。それを我々は憂えているのですが。韓国人に向かって、国家の利益のために我々は反米運動を拡大してはならないということも説得しますが、アメリカに向かっても、今の政治では駄目だということを続けて言わないといけない。これは我々の、いわば世界市民としての義務であると思います。

小田川　大変、明確なお答えだったと思います。次は康先生にお願いします。核問題および米朝関係です。まず核問題です。「北朝鮮の核、生物化学兵器など大量破壊兵器に対する見解はまったく同感でした。問題は、いかにしてそれをなくしていくか。要するに、どういう条件の下で核兵器等をなくすことができるか。その条件をどう見ておられますか」という質問です。

これは別の質問で、仮定の話ですが、「北朝鮮が核を使う場合、相手は韓国、日本、アメリカのどこが一番可能性が高いですか」。これは歴史の未来に対する危惧です。

それから、南北の政治的なソフト・ランディング、これは要するに、和解を進めて統一に向かうという状況を作るということですが、これについて「南北首脳会談から一年後の朝日新聞の社説(二〇〇一年六月一五日)では『金正日の訪韓なしには、それは成立しない』と。社説を読む限りそういうふうに思いますが、この金正日の答礼訪問はいつあり得るでしょうか」。

最後に米朝に関してです。「アメリカは北に対して、本当に軍事攻撃ができるのでしょうか」。その裏返しですが、「なぜ北朝鮮はアメリカと不可侵条約を結ぼうとするのか」。これは、もう既に康仁徳先生のお話の中にも出てきたと思いますが、まとめていただきたいと思います。

康　いろいろな意味で答えにくい問題ですが、私の個人的な考えを申し上げたいと思います。先ほど申し上げました通り、一番目の問題、北が核を捨てるだろうか。今の状態では、金正日としては捨てない覚悟であるだろう。これを捨てさせるにはどうすればいいだろうか。これが一番重要ですけれども、その間、ＫＥＤＯをやってみましたね。エネルギー開発機構というものを作って、二〇〇万キロワットの軽水炉を建てています。今、ＫＥＤＯでは一、四〇〇名が仕事をしています。南の労働者が七〇〇名、そしてウズベキスタンとか外国の労働者が六〇〇名、北の労働者が一〇〇名です。外国の労働者が入ってきたというのは、北が労働者を送らないから、仕方なく外国の労働者を採ったわけです。なぜ送らなかったと言えば、賃金が安い。最初に、一二〇ドルぐらいに計算したのですけれど、それを千ドルぐらいで雇ってくれと言うから、それはできないということで、ウズベキスタンの労働者六〇〇人が来て働いています。今までで私たち韓国が七億五、〇〇〇万ドル。日本が大体三億ドルぐらい出しています。アメリカは重油を年五〇万トン出していましたが一一月からうち切ってしまって、今入っていない状態です。

予定通りにいけば二〇〇四～五年ごろには完成する計画でしたが、いろいろな問題が起こって遅れています。私は相互に持っている不信感がまず問題だと思いますし、それを捨てるためには北に対して相当の支援と言うか、それに対処しなければならない。それは北の生存を保障せよということですから。お金でどれくらいかかるか分かりません。経済で立ち直るためにこれくらい必要とか、よくわかりません。北はミサイルを輸出しないという条件で一〇億ドル出せと言っているのですから。だから、これはぎりぎりどこまで交渉を進めるかということですが、そう簡単にはいかないと思います。

これとも一緒に考えなければならないのが、在韓米軍の問題です。最近、米軍撤退問題が頻繁に出ています。または、今駐屯している漢江の北側、東豆川、議会政府地域から漢江の南側に移動するという話も出ています。もし、漢江の南側に移動する場合には、北朝鮮の射程距離から離れることになります。北朝鮮のロケット砲とか長距離砲の射程距離が四〇キロメートル内外ですから、もし平沢地域――そこにはアメリカ空軍基地がありますが――に移動したら、まず安全だと言えましょう。

在韓米軍と撤退問題、または削減問題というのは、二～三年前から出ています。その理由は、在韓米軍の地上軍は大体一万五千名程度で一個師団です。しかし、九・一一事件以降、米軍の地上部隊の編成が変わっています。一万ないし一万五千名の師団編成では緊急事態が発生した場合、規模が大きくて重い。ですから軽くしようというのです。

師団編成を四、〇〇〇名ないし四、五〇〇名程度の旅団に再編成して、緊急事態にすぐ応じる緊急展開軍に再編成するとのことです。ですから、在韓地上軍一万五千名を再編成した場合、緊急時に一～二個旅団は韓国から移動してもいいではないかという話になるわけです。これが、在韓米軍の削減問題なのです。

このような時期に韓国で米軍の装甲車に轢かれて女子中学生二人の死亡事件が起こったのです。この事件で「ロウソクデモ」が六ヵ月以上続いて、米軍撤退要求が表面化しました。アメリカの立場は、反米的デモで米軍撤退スローガンが出なくても在韓米軍の削減を果たさなければならないのに、韓国側から米軍撤退要求がされましたので、それでは、韓国国民が撤退を願うなら、いつでもアメリカ軍は撤退しますよという格好になったわけです。

もし、アメリカ軍が漢江以南に移動した場合、北朝鮮の砲撃があっても安全ですから、犠牲を払わない状態で報復することができます。

今は、米軍駐屯地自体がTrip Wire的な状態ですが、移動したらよりFree Hand的な立場で思う存分北朝鮮をたたくことができます。アフガニスタンで使った最先端武器も使うでしょう。

ブッシュ大統領のやり方を見れば、北の核問題解決のためには何をするかわかりません。強硬な態度をとるでしょう。

盧大統領の立場は、朝鮮半島の平和のためには、アメリカ軍の緊張を増やすとか、北朝鮮を刺激するような態度をとってはだめだということです。アメリカの行動の自由を許さない、もし武力を使うと言ったら、足を引っ張る状況になるということです。緊張を増やさない方式で核問題を解決するといった場合、果たしてどれくらい北朝鮮に譲歩したらいいのかという問題が出るわけです。北朝鮮の要求はアメリカと直接二国間対話を通して米朝不可侵協定を結ぼうと要求しています。しかし一九九四年「ジュネーブ合意」を見ると、その前文には武力を使わないとかいろいろな措置を決定しています。問題は平和というのは、紙にサインして平和が守られるのではないということです。私は北朝鮮が核開発計画を拋棄することは簡単ではないと思っています。もし、圧力をかける場合、中国の協力がぜひ必要です。

一九九四年国連安保理事会は、核開発を中止させるために経済制裁を決めました。しかし失敗しました。その理由の一つは、北朝鮮の北側、中国との国境地帯、鴨緑江と豆満江がそのまま開放されているからです。この一帯は両国の人たちがいつでも往来できるところです。アメリカ、日本、韓国が協力して封鎖したといっても、中国の協力がなければ、北方国境を封鎖することはできません。ですから、アメリカは中国の協力を受けて、一緒に北朝鮮に対する圧力をかけることが重要です。

もし北朝鮮が核を持つようになれば、日本、韓国、台湾も核を持つようになることは確実ですから、それでも中国は見て見ない振りをするかというように圧力をかけながら、共に核開発を中断することに積極的に出るように働きかけることが重要だと思います。

アメリカも、日本も、韓国も、北朝鮮との交渉は包括的アプローチが必要だということでは一致しています。九八年のペリー・プロセスでも同じでした。アメとムチを一緒に使わなければなりません。

ミサイルのことですが、私は日本の皆さんに失礼ながら話さなければならないなと思っているのは、ノドン・ミサイルを北朝鮮が発射した時、なぜ日本では反応がなかったかということです。日本をターゲットにしたミサイルはノドンです。既に一〇〇基配備されています。日本はテポドン・ミサイルのターゲットではなくて、ノドン・ミサイルの射程距離に入っています。もちろん命中率はそう高いとは思いません。しかしノドン・ミサイルが落ちたら、心理的に打撃を受けるでしょう。北朝鮮がミサイル攻撃をしかけるまでアメリカも日本も待つのだろうかと疑問を持っています。私はそうはいかないと思います。これを使う状態に行く場合、アメリカの衛星がすぐわかりますね。燃料が固体ではなくて液体ですから、燃料注入が見つかれば、すぐそれに対抗する措置をとるでしょう。

私から日本の対応策を申し上げるならば、日本が持っている四隻のイージス艦を、日本海に入れて監視を続ける、空中警戒管制機（AWACS）を飛ばして監視するということではないか。そうすれば北が先制攻撃に出たとしても、くい止めることができます。

次の質問は、「金正日政権はソフトランディングできるか？　また金正日のソウル訪問が実現するか」ということです。金正日政権が経済的困窮を克服し、ソフトランディングするには、そのための経済支援をしなければなりません。しかし、韓国の新政権が果たしてどのような経済支援をするでしょうか？

二〇〇〇年三月、金大中大統領がベルリン大学で講演しながら、北朝鮮に対する莫大な支援を提案しました。韓国のお金で四〇兆ウォン、日本円で四兆円程度かかる支援規模でした。民間の経済協力では今の北朝鮮の経済回復は不可能だから、政府が負担するという内容でした。しかし金大中大統領は何もできませんでした。なぜか？　韓国には資金がないからです。だから、金正日さんは金大中さんにこう言うでしょう。「あなたは私との対話でノーベル賞をもらったが、私は何ももらっていない。あなたが私に与えた支援とは何か？　五年間でたったの一三億ドルの食糧、肥料を送ったくらいでいいと思うのか？」と。金大中政権五年間で、民間、政府合わせて一三億三千万ドル程度の支援をしただけです。

私は入閣する時、新聞記者とこのような話をしました。「私たちの経済規模、GNPを見れば、年に二〇億～三〇億ドルぐらい北に送っても何の問題もない」。ですから五年間で一三億ドル送ったというのはほんのわずかにすぎません。にもかかわらず、我が国の国民は「北のほうから何も受けないで与えただけだ」と金大中政権を非難しています。

このような時期に、金正日がソウルに来て何か得ることができるでしょうか？　盧武鉉大統領が果たして何億ドル出すことができるでしょうか？　できません。

ロシアと韓国の間で話し合っている問題の一つが、北朝鮮内の鉄道の改修問題です。金大中大統領自身、何回も鉄道シルクロードの話をしていますが、この問題も資金を出すことができない状態です。

付け加えれば、金正日のソウル訪問は彼の身辺安全に対する保障も気になるといえましょう。もし済州島に飛行機で来て首脳会談をして帰るなら、身辺安全は問題ないと思いますが、ソウルでは、いろいろ危険がつきまとうわけです。

また、私たち南側から北の金正日を見る場合、不安なことがいっぱいあります。北側が要求している米朝関係の再定立、いわゆる不可侵条約の問題もその一つです。もし、不可侵条約が成立した場合、その次の段階は何か？　北朝鮮とアメリカとの関係が正常化するか？　この東北アジア各国の力のバランスは取れるか？

果たして北朝鮮の革命戦略、いわゆる対南赤化統一戦略は無効になったのか？　対北政策を担当する実務責任者はもちろん、韓国国民全体が北側に対する不信感を解消する結果に発展するか？

度々、我が国の進歩的な人たちは、民族利益と国家利益を混同することがあります。今の状態から見れば、まだまだ大韓民国という国家の利益を、南北七千万民族の利益より優先しなければならない時期です。

北朝鮮の核問題は我が国の利益にならない、反対に最大の危険物です。民族の利益にもならないものです。自由民主主義、法律による支配、市場経済、普遍的な価値観に頼りながら改革・開放にむかうことが、国家の利益、民族の利益にかなうということです。統一国家を願って南北間が協力するということは、観念的ではなく、より具体的でなければなりません。

今の南北関係では、まだまだ、南北間に国家利益を優先しながら解決するという段階を通過したとは思いません。その意味で、南北間の対決状態は相当の長期間続くというのが私の結論です。その間、平和を維持しながら共に相手の立場を重んじ、和解と協力の道を進むという考えを持って民族共同体を復活するための環境作りに協力しなければならないと思うのです。

小田川　大変詳しいお話の展開でありがとうございました。続いて、清田本部長にお願いしたいのですが。これは日朝関係と、さっき申し上げたように東アジア共同体の話です。

まず、日朝絡みの質問です。「昨年九月の日朝『平壌宣言』は日本外交の独自の努力によるものでしょうか。そうであれば評価します。ただし、それ以降は拉致問題という引き金もありますが、アメリカのブレーキによって停滞し駄目になっているのかどうか」。これが一つです。

東アジア共同体関係では、「東アジア共同体を考えるときに、北朝鮮はどのような位置付けとなるのでしょうか。統一された朝鮮半島として参加することになるのか、あるいは南北別々の国家として参加することになるのかどうか」。これは統一問題と絡むと思います。

それから、東アジア共同体で言えば、「中国の経済発展とか軍事力から考えると、中心的存在は中国となるのが自然ではないか」というご指摘も出ています。

もう一つ別の質問で、「いわゆる東アジア、北東アジア共同体の実現は非常に望まれる課題ではありますが、そのためには多くの深い障害があると思います。すなわち、各国の軍事力や哲学を含む政治体制、あるいは宗教、文化、歴史認識、経済力等々の違いから見て、例えばEU（欧州連合）のように構築されるには、相当な時間がかかり幾多の紆余曲折も考えられます。したがって、アジア共同体の実現のためにはどのような方策が考えられるかを伺いたいと思います」。これも大変難しい質問です。既にお答えが一部出ているわけですが、改めてお答えいただきたいと思います。

清田　九月の「平壌宣言」ですけれども、私はこれは主に日本のイニシアティブだったと思います。ただ、産婆役の要素は恐らく二つ、三つあるのだろうと思います。

一つは、米国がブッシュ政権になって、北朝鮮を「悪の枢軸」のひとつと名指しし、これから厳しい態度で臨むぞと宣言をしたことがあると思います。

もう一つは、北朝鮮は自らの生き残りのためには経済再建が欠かせない。しかし日本以外に確実に大きなお金が入るところはない。その事実を改めて冷静に計算したのだろうと思います。

第一の点をもう少し敷衍すると、北朝鮮は小泉氏がブッシュ氏と個人的にも意を通じていることに期待した可能性はある。ブッシュは個人の関係を大事にするようですから、それで、大きなこう着状態に陥った対米関係の打開口を、ひょっとしたら探れるかもしれない、つないでくれるかもしれないという淡い期待があったかもしれません。

日本政府とすれば、そうした北朝鮮の立場、思惑を上手くとらえて、的確な対応に出た。その結果が平壌宣言ではなかったかと思います。したがって、私は評価しております。

平壌宣言後、米国のブレーキがかかって停滞したのではないかということですが、確かに田中均さんという外交官が官邸直結で、外務省内でも一連の交渉を極秘裏にして、金総書記に近い軍人とのパイプを作り上げ、しかもそのプロセスを米国にさえ知らせずにお膳立てでした。そうした手法がワシントンに田中均批判を呼び起こしたのは事実です。

しかも、アメリカは恐らくパキスタンから入手したとみられる北朝鮮のウラン濃縮のための遠心分離器の買付領収書、恐らくケリーさんが平壌で北朝鮮側に突きつけたものだと思いますが、そうした事実を小泉さんが平壌に行く前に、日本にも通知済みでした。それを分かりながら日本は訪朝に踏み切って、平壌宣言を予定通り出したということです。愉快であったはずはありません。

私はワシントンの取材をしておりませんし、本田編集委員が来ていますので、後でコメントをいただければと思うのですが、私の直感に過ぎないのですが、米国が意図的に日朝が先に進むことに対して、明らかに意図的にブレーキをかけたとまでは思いません。やはり、悪の枢軸の一角ですし、そこから世界で一番の火薬庫である中東、南アジアへのミサイルの拡散がさかんに行われた。核技術さえも、もしくは核物質さえも今後流出、漏出する恐れがあるという文脈に立てば、今の核管理と対テロを最優先するブッシュ政権として、北の新しい核開発の試みを座視するわけにはいかなかった。それは遅かれ早かれ出てきたと思います。

北東アジア共同体のお話ですが、北の位置付けはどうなのだろう。北朝鮮がどういう道筋をたどるのかはだれにも分からないことなのですけれども、私は現実可能なことから考えるしかないと思いますので、北をさまざまな関与のルートを使って、国際社会の中にソフトランディングしてもらって、ベストはもちろん核抜き、BC兵器抜き、通常兵力の削減とかいうことになるのかもしれませんけれども、そちらの方向性をなんらかの形で担保する。北を、より私たちにとって不安でない体制に誘導するためにも、北東アジアの多国間の枠組みの中に、むしろ誘導していくべきなのだろう。では、具体的にどういう点があるかというとなかなか難しいですね。先ほど康先生がおっしゃったように、現状では北朝鮮自体がその枠組みに対しては、猜疑心、危機感を持っているということです。

それから、中国が軍事力、経済力とも当然中心になるのだろう。私も当然そうなのだろうと思います。やっぱりこの東アジアの地で言えば、中国が圧倒的なガリバーであるわけで、そこが非常に強いイニシアチブを持つであろうということは、想像に難くありません。ただ、私はやはり日韓が中核であるべきだと申し上げたのは、中国の中華ナショナリズムなり、中国の国益優先主義を牽制するためにも、健全な牽制勢力として、やはり日韓の存在が必要である。なぜか、日韓は、より民主化された政治、社会、経済体制を持っているからです。

もう一つ言えば、米国も何らかの形で組み込んでいったほうが、より安定するかな。私は別に中国不信論者ではありませんけれど、先ほど池先生が、アメリカ地域の共同体づくりの話をされていましたけれども、やはりアメリカがあまりにも図体がでかすぎる。それに対してブラジル、アルゼンチンが一つの抵抗、牽制の役割を果たしている。そこが、一つの健全な部分だと思うのですけれども。

アメリカと中国を単純に比較できませんが、中国の存在が恐らく二一世紀の後半に非常に巨大になるだけに、そこに対する健全な牽制役、歯止め役、調整役というのは必要だろう。そこのコアに日韓がなりうるというのが、私の思いです。

それから、多くの障害があるだろうというのはその通りです。EUは戦後、石炭同盟から始まって一歩一歩、しかも、敵国だったドイツとフランスが蒸気機関車の両輪になっていくわけですけれども、これも隣接する国にありがちな大変血みどろの深い不信、抗争の歴史もあったわけです。特に、ナチズムのマイナスの遺産を克服していくということが非常に大事だったわけです。そのことに対するドイツの継続して払ってきた努力の大きさ、ここを日本は、やはり大事なポイントとして押さえなければならない。それは最初のお答えで、小田川さんの問いに対する補足にもなると思います。

もちろん、さまざまなこれからの発展の仕方にもよりますが、まさにEU形態にたどりつくには、恐らく半世紀とかなんとかで済まないのかもしれません。もっともっと長い道程だろうと思います。しかし始めなければ、いつまでたっても近付かないわけです。もしくは、あまり地政学的なクールな見方だけで分析していても、歴史は前に進まないと思いますので、できるところからやっていく。緊張があれば、少しでも減ずるようにしていくということだと思います。

小田川 ありがとうございました。だんだん時間も少なくなってきましたが、さらに、おひと方に一問ずつ差し上げたいと思いますので、よろしくお願いいたします。

康仁徳先生に、拉致問題のことでお尋ねです。一つは、『拉致問題の解決なくしては国交正常化なし』という日本政府の対策は感情的には分かるのですが、私は個人的には反対です。その点、どう思いますか」という質問です。

それから、「拉致問題はやはり人権問題であり、外交の基礎である信頼関係であると思います。そこで韓国政府は、韓国の方々の北朝鮮による拉致問題に少々積極的でないように見受けられますが、いかがでしょうか」。こういうご質問なのですがいかがでしょうか。

康 皆さんが関心をもたれている拉致問題に関して。私は昨年、小泉総理が北を訪問するということで、九月三日に東京財団で講演を頼まれました。この講演を聞いた毎日新聞の記者が、私にインタビューを申し込んできたので応じました。私が講演で話したのは、今度小泉総理がピョンヤンを訪問したら、金正日さんは日本人拉致問題に決着をつけようとするだろう、その場合、金正日は拉致問題をそのまま認めて、その実行責任は下の者に転嫁するだろうと話しました。この話をそのまま記事にしたいということでインタビューを受けましたが、九月七日の毎日新聞に掲載されたのです。

私は、なぜ小泉さんが訪問した時、金正日が拉致を認めると判断したかといえば、過去、彼のお父さんである金日成が、誤りをそのまま認めたことがあるからです。皆さんご存知だろうと思いますが、一九六八年一月二一日に、北朝鮮のゲリラ三一名がソウルに侵入し、大統領府である青瓦台を攻撃したことがあります。その時、鍾路警察署署長が戦闘死しました。一九七二年一〇月南北対話のため韓国代表団がピョンヤンを訪問した時、金日成と会って食事をしながら話しました。その場で我が代表団は一・二一青瓦台侵攻事件を例にしながら、このようなことを起こしたら南北間に平和はありえないと断固と話しました。そうしたら、金日成さんが「その事件は本当にすみません。実は私自身知らなかったことです。下の者たちがやりました。そいつら全部の首を切りました。粛清しました。朴大統領に私からすまなかったと話を伝えてください」と言いました。

実際に一九六九年一月、青瓦台事件一年後、人民武力相・金昌奉、総参謀長・崔光、総政治局長・許鳳学、人民軍参謀部偵察局長・金正泰ら人民軍最高指揮部を粛清しました。その理由は青瓦台攻撃事件ではなくて、主体思想を人民軍内に積極的に普及しなかったとの理由でした。しかし実行部隊である人民軍一二四軍部隊に命令した責任者全員を粛清したのは事実です。

私はお父さんがやったような論理で金正日さんも拉致事件自体を認めて、決着をつけようとするだろうと判断したのです。しかしお父さん金日成の場合は事件発生一年後に処分したから、彼の話を受け入れることができますが、金正日の拉致問題は既に二〇何年過ぎた事件です。七七年、七八年に起こった事件を二〇〇二年にはじめて知ったということですが、それは誰も認めることはできないはずです。そこで私は、日本の国民が理解するだろうか。そこで、問題は日本の国民がこれを本当に理解して納得されればいいが、そうでなければ問題を解決できないでしょうという話をインタビューでしたわけです。

私は、問題解決方法として、帰ってきた五人の方を返さなかったことがよかったか。それに疑問を持っています。五人をいったん送っても子どもたち、家族たちを連れて帰って来たほうがよかったのではないか。ただし、佐渡に住んでいる曽我さんは別です。アメリカ人と結婚したから、彼女の子どもたちは日本人ではないのですね。アメリカ国籍ですし北の戸籍をもっているわけです。

それは別として、四人の子供と四人の夫婦は帰ってきたのではないかという考えを持っています。ところがその後、問題はもっと複雑になりました。何十名の方々が拉致されていることが指摘されていますから、この問題を中心にして考えた場合は、日朝関係の改善というのは難しいだろう。

それではどうしたらこれをのり越えることができるだろうか。今の状態では難しいのではないかと思います。核の問題はアメリカが解決するのだと言っても、日本が拉致問題の解決なしに国交正常化交渉に移ることができますか？　一方韓国はなぜ拉致事件に対してだまっているかです。これは、今になって問題になったのではなくて、前の政権のときからも大きな問題でした。

まず我が国の場合は、拉致されたというよりも、漁民が海上で逮捕されていったのです。合わせて四六二名ですから……。朝鮮戦争の時の捕虜で生きているという人が約二万近い数字ですから、それは別として、四六二名という拉致された人々を返されることがなかったのに、何をしていたか。北は日本には返したではないかということで、金大中政権はめちゃくちゃに叩かれたのです。韓国の立場では、個別の問題として解決するのではなく、離散家族の問題と一括して解決しようという話です。離散家族がいっぱいいますから、拉致者問題もその中に入れてやろうと。

最近、北から亡命した人の中に入って、拉致者も何人か帰りました。この問題よりも韓国の場合はさっき話したように、平和の問題がもっと大きいですから、プライオリティを平和問題に付けていくということで、韓国が北に要求しないという意味ではないのです。

そこで今韓国でやっているのは、離散家族に可能な限り会うようにするために、政府が個人にお金を出しています。例をとれば、個人が個別に通信する、手紙が行ったり来たりするような状態に持っていくためには、何十万ウォンかかる。だからそのためにお金を出すし、会うために旅行する旅費を出す。何かプレゼントも買っていかないといけないから、そのお金も国家で支援するし、大体年に二、三億ウォンぐらい出して、離散家族が会うようにやっていますから、鴨緑江と豆満江を越えてきた場合、中国側の国境付近で会うように情報を集めて、その組織を作り上げるような仕事を今やっています。

ただし、太陽政策ということを政府がやっているのに、拉致者問題を出したらじゃまになるのではないかということで、公開したかたちの活動を止めたということは事実だと思います。特に関心を持って支援しなかったということは事実だと思います。ただし、止めなさいということは指示していない。止めなさいという指示ではなくて、積極的な支持をしていないと思います。

ところが、「北の民主化ネットワーク」という組織を作って積極的に活動している若い人たちもいます。これが面白いのは、過去、釜山のアメリカ領事館放火事件がありました。若い人たちが、大使館に火炎瓶を投げたりした。この組織は、そのときの若者たちの中で、考えが変わった、つまり転向した人たちの集まりです。強いですね。論理も強いし。彼らが私に話したところでは「いま核心部はできました。これからは組織の拡大に努力します」ということでした。金大中大統領のときよりも盧大統領になったら、さっき話した通りに保守勢力の活動がもっと活発になるだろうと思いますから、そんな場合は、この運動も活発になるだろうということを申し上げておきます。

今、拉致にかかわる人、例をとれば横田めぐみさんのお母さん、お父さんとも、両国の関係者が連繋を持って連絡をとりながらやるだろうと思いますから、韓国ではだまっているのではなくて、活発な活動が始まっているが、大きな問題に隠されて見えなかった、というのが実際ではないかということを申し上げたいと思います。

小田川　ありがとうございました。続いて、清田さんにお願いしたいのですが。アメリカの極東政策についてのご質問です。「鋭い洞察に大変刺激を受けました。しかしアメリカの政策は、政権交代によってかなり変化するのではないでしょうか。きょう伺ったアメリカの極東政策は、政権交代が近々あるとしてもある程度、一貫していくとお考えでしょうか」。このお答えは、清田本部長ならびにさっき清田本部長からご指名のありました、きょうこちらにお越しの朝日新聞編集委員で、日米同盟問題などがご専門であり、小泉首相訪問前に平壌を訪問して来ました本田さんにも一言いただければ、大変幸いです。

清田　米国の極東政策だけではありませんが、民主党と共和党の基本スタンスの違い、さらには同じ党でもその時々の政権の政策チームの持つ情勢認識、方向性によっても変わってくるわけだろうと思います。

今のブッシュ政権は〇四年秋の再選を目指して、まずイラクの問題を処理しようとしています。そして何よりも政権のアキレス腱は国内経済の沈滞と見て、減税措置などさまざまな経済浮揚策を取りつつあるわけです。二年後、ブッシュが再選されたら対外政策、とりわけ対東アジア、対極東政策が変わり得るのかですが、それはイラク戦略に続く今後の対北朝鮮、さらにはイラン戦略の成否、さらには中国、ロシアとの中期的な関係の変化など、今後の変数が非常に多く作用すると思いますので、現時点ではなかなか予測し難いと思います。

ただ、前のクリントン政権は二期、八年続きました。先ほどちょっと言い忘れたのですが、北朝鮮の側はクリントン政権の八年の間に、大いに対北政策は変わった、われわれが変えたと判断しているはずなのですね。九三年のころは、クリントン政権も冷戦後の新たな核の管理、核の不拡散という高い目標を掲げていましたので、北朝鮮に対し、かなり強い姿勢で経済制裁、さらには場合によってはピンポイントの原子炉爆撃といったシナリオまで検討はしていたわけです。

そこで止め男のカーター米元大統領が入ってきて、意外な展開になってきたので、私も当時ソウルにいてカーターさんの顔を身近で見ながら、こんなことってやっぱりあるのかと、ちょっと信じられなかったのです。

そして「ジュネーブ合意」という枠組みができた。ただ、合意の枠組みはずいぶん水漏れが多かったわけです。これは、クリントン政権内部で金正日政権がそう長続きすまい、短期政権だろうと。そうすると、KEDOの枠組みで二〇〇〇年代の初めぐらいまでひっぱっていけば、それまでに自壊してしまうのではないかという安易な判断も、若干あったかもしれません。

いずれにしても、クリントン型の封じ込め政策は関与政策へと大きく変わっていって、政権末期はオルブライト国務長官が訪朝し、これも北朝鮮の働きかけるタイミングが遅すぎたと思うのですが、さらに場合によっては、クリントンの訪朝もあり得たという体験を北朝鮮は持っています。特に北朝鮮の対外政策のキーパーソンは姜錫柱です。彼は九三、九四年当時とまったく同じ地位で同じ役割を担っているわけで、ブッシュもなかなか堅くて西部劇のヤンキーだけど、ひょっとしたら変わるかもしれない、クリントンだって結局は変わったのだから、という若干の期待はあるのかもしれません。以上です。あとは本田さん、お願いします。

小田川　本田優編集委員、よろしくお願いいたします。

本田　本田です。それでは清田さんのお話の補足だけさせていただきます。今も清田さんが言われましたように、アメリカの政策の中で、極東政策と言うよりも対北朝鮮政策はクリントン政権からブッシュ政権になって、一八〇度に近い状態で変わったのだと思います。クリントン政権の、特に後半は関与政策です。ペリー元国防長官が「ペリー報告」で、米国の政策は北朝鮮の体制がいずれ転換されるだろうという願望を前提とするのでなく、現実に存在する北朝鮮と交渉しなければいけない、ということをはっきりと言っているわけです。

しかし、そのあとにブッシュ政権になってやっていることというのは、基本的に北とまったく対話していないのですね。今、表向き「対話すれど交渉せず」と言っているけれど、対話すれども交渉せずということは、これは対話の中身を空洞化しているのと同じで、まったく動いていない。これがまた北の態度を硬化させているところもあるわけです。

今の北朝鮮の危機というのはアメリカと北朝鮮がそれぞれの形で高めているといってもいい。これがずっと続くか。アメリカの政策というのは、政権のたびにだいぶ変わるのです。ですから、これが永久に続くとは私は思わない。その間に、危機が大きくならなければいいなと思いますけれども、政策は変わると思います。

先ほど清田さんが触れましたように、日朝が動いていたときに、アメリカが濃縮ウラン製造計画の話をリークし始めたのですね。これは、いかに日本の外交が対米追随型だと言われていても、アメリカが日本に対して正常化交渉を止めろと、正面から言うことはないのです。しかし八月になって濃縮ウラン製造計画の話を、実際に表に出る前に日本に何度か非公式に通知しているわけです。これは明らかに相当に強い不快感を表明しているのです。これは、正常化交渉を止めろと言っているのと等しいところが実はあるのだと思うのです。しかし、日本側は日本側の論理で動いていたわけですけれども、その後、ケリー国務次官補の去年一〇月の訪朝で、濃縮ウラン製造計画というのを北朝鮮が認めたということで、そこからとても大きな問題になった。

それまでの日本の国交正常化に対する内心のシナリオというのは、最初信じがたかったのですが、年内正常化をやろうという方針だったようです。日朝国交正常化交渉の一つ重要な前提は、核問題はアメリカにお任せということなのです。日本のシナリオに対して、アメリカが「待てよ」という意味が、濃縮ウラン製造計画のリークなのだと思います。ここは、日本の日朝国交正常化のプログラムの一つの大きな弱点だったと思います。それが今はっきりと出てきたということです。

従って、これは九〇年に金丸信さんが日朝国交交渉をはじめようと言って、それが核問題で座礁したのですが、それと同じことを繰り返しているように思います。表では拉致問題でストップしているかのようだけれど、実は核問題が一番の本質である。それで今、日朝は実際のところもうほとんど動いていないということだと思います。

小田川　大変、深い話をありがとうございました。大体、論点が尽くされてきたように思います。他に池先生へのご質問で、「日本は五〇年間、アメリカにアヘンを吸わされてきたと思うのですが、広い意味で哲学を築き上げていくにはどんなことからはじめたらよいと考えられますか」。

また、「日本の戦争責任は十分であると考えられるかどうか」というご質問もきておりますが、これは非常にまさに哲学的な、あるいは日本という国の在り方、そういうことにかかわってきまして、短い言葉ではかえって誤解の余地が生じるのではないかと思います。

時間になりましたので、残念ですが、本日の質疑応答を、これで完了とさせていただきます。つたないながら、まとめ的なものを私が申し上げる中で、今のようなご質問に対する答えも、若干できるのではないかと思いますので、今から駆け足で総括してみたいと思います。

大きな論点では、本日は核問題、そして日本人拉致の問題、また日本と朝鮮半島との間で、未だにトゲになって残っている戦後補償問題を含む、いわゆる歴史問題。そういうことを克服して、将来を築いていかなければならない。東アジア共同体の構想をどう築いていくかというお話がいろいろ語られたと思います。

整理してみますと、例えば拉致問題も冷戦時代の事件でありました。冷戦型の思想と行動から出た拉致事件のような問題、それから核の開発は、二一世紀になったのに引きずっていく、間違ったやり方ではありますが、世界の現実がパワーポリティックス構図から脱却していないという表れであります。

特に、朝鮮半島においては未だに南北の対立という冷戦構造が残っているわけで、そこからくる力による政治および外交の形、こういうものが厳然として、しかも非常に強い形で出てきている。

一方で、韓国では盧武鉉新大統領が誕生する。それは、池明観先生が基調講演でおっしゃいましたように、対話と協力によって平和なアジアを築いていこうということを意味している。盧武鉉さんは「東北アジアを世界の中心に」と呼びかけ、しかも、その中での韓国の役割を非常に強調しておられます。そういういわば二一世紀型の思想と行動と、それを妨げるものとの二つが錯綜し、相剋している、こういう状況にあると思うのですね。

本日のご主張を概略的に言わせていただくと、池明観先生は理想のたいまつを掲げて進みたいとおっしゃいました。一方で康仁徳先生は、しかしやはり現実の厳しさは常に真正面から打開していくべきであるとおっしゃいました。分かりやすく言うと、暖流と寒流の渦巻きが目の前に展開されているのかなと思う次第です。問題は、どのようにしてこういう状態を乗り越えて、東アジアの未来をつくっていくのか。いろいろ語られましたが、結局はなんと言っても北の核問題をどう解決するかに、今非常に重点がかかっているわけです。

毎日毎日が動いています。アメリカと北朝鮮の対話を望むという社説が朝日新聞に出る一方で、いや、金正日体制はいずれは崩壊するという強硬な見方も逆に強まっているという状況です。

もう一つは、拉致の問題です。これは先ほども清田本部長がお答えになりましたけれども、いわゆる歴史問題と同時に解決されるべきではないだろうかと思います。特にこの歴史問題については、「日本の戦争責任は十分かどうか」というご質問がありました。私はかつてソウルで取材をしていて、あるご婦人が、自分の夫の父が太平洋戦争中に、軍属で、南太平洋に連れて行かれたきり、もう五〇年以上経っても未だに生死の確認もできないと訴えるのです。このケースも、国家による一種の拉致だと思うのです。この婦人は「日本は経済大国であっても、決して道徳大国ではない」ときっぱりと言われました。この言葉を重くとらえ、「日本も道徳的に成長しましたね」と、お互いに喜び合いたい、そういうときがやってくるべきではないかと思っております。

一番、眼前の問題はやはり北の核問題の解決です。特に、我々の日本の安全保障と直結する問題ですから何としても急がれますが、これをどう解決するか。パネリストの方からもいろいろなご意見が出ました。やはり、北に国際社会の仲間入りしてもらおうという中で、解決を図らなければならない。もちろん厳密な検証、NPT（核不拡散条約）の枠の中でIAEAの査察等を北が最終的に受け入れて、核開発放棄というところまで行くべきだと思います。一方では北が昨今主張しているように、一番の脅威はアメリカではないかということも、それはそれとして言葉だけなら確かに正当性は持っていると思います。

ですから、日本は唯一の被爆国だということを振り回すつもりはありませんが、ここで日本の貴重な体験が生きてくるのではないか。つまり、唯一の被爆国として核廃絶を全世界的にやりましょう。北朝鮮だけではなくて、アメリカももちろん含めて、そして東アジアでは中国、ロシアを含めて核廃絶の大きな輪を作っていこうというぐらいの行動に、日本は今から乗りだしてもいいのではないかと思います。

もう一つは、核問題の解決となれば、北の改革開放が表裏一体だと思うのです。そういうご指摘がございました。そういう改革を進めるには、やはり経済のテコが必要になります。そういう北朝鮮経済の建て直しというものに、日本は相当役割を果たせるのではないか。具体的な方法もいろいろ考えられますが、そういう視点が日本では必要でないかと思います。

大きなまとめとしましては、ご指摘にございました東アジア共同体という大きな構想を持たなければならない。その中で、やはり価値観の共通する日韓が軸になると思います。

フロアからも共通の価値観が必要だというご指摘がありました。まったくその通りです。東アジア共同体の成立には、何と言ってもまず軍事的な脅威を縮減すると言いますか、脅威を減らす。それから、経済共同体、これは日韓自由貿易協定とか、中国と東南アジアの自由貿易の話も進んでいますけれども、そういうものを通して、今眼前に現実味をおびた問題として、経済共同体形成の論議が高まっている。これを日本はどういうふうに進めていくべきか。

また、池明観先生が例えば日韓文化交流についておっしゃいましたが、同じ儒教圏と言えば古くさいようですけれども、漢字を媒体として成り立つような共通の文化圏の中にある東アジアの文化交流をこれからも活発にしていかなければならない。

そしてなんと言っても、北朝鮮の核問題解決のために多国間の政治協議が必要になってくると思います。清田さんのご指摘にもありました六カ国協議とか、いろいろな構想がございます。これを着実に根付かせていくということがこの地域の平和定着に一番大きな原動力になるのではないかと思います。そういう中でこそ、日本、韓国、中国において民主化が前進するであろう。今韓国で一番民主主義が花開いたのですが、遅ればせながら我が日本でも、もっともっと民主化を進めるような方策が可能だと思います。これは、まさに日本人一人一人が抱える問題であり、いまからの努力が求められているわけです。

前途は非常に多難だと思いますけれども、こういう時代だからこそ、少なくとも十年、いや百年の大計というものが、今まさに築かれる必要があるのではないかと思います。

例えば聖学院では六年前から、激動する現代において新しい独自の教育のあり方を示す取り組みが行われ、昨年一一月に「聖学院憲章」を発表しました。その背景には「教育基本法の見なおし」に対する危機感がございます。つまり、この見直しは、復古的な国家主義を重視する色合いを帯びている。教育基本法の基本そのものがしっかりと守られていないのに、何が見直しかということです。戦後、平和憲法の下で出発した日本社会のあり方が揺れ動くなか、本来の姿に戻ることが急がれているのです。この教育憲章には、責任感を育み、自由な人格の完成をめざすことなどがうたわれています。その実現にとっても民主主義の土壌がいっそう豊かになることが求められているわけで、本日のシンポジウムもそれを結論として締めくくりたいと思います。本日は大変ありがとうございました。

専門家座談会

北朝鮮問題をどう解くか

李鍾元
伊豆見元
康仁徳
朱建栄
和田春樹
進行
小田川興

（二〇〇三年四月一七日）

北朝鮮の核問題をめぐって

小田川　米国がイラク戦争で「勝利」を収めるなか、ブッシュ米大統領が「悪の枢軸」と名指した北朝鮮の核施設が米国の次の攻撃の目標になるのではという観測が強まり、朝鮮半島の緊張が高まりつつあります。

北朝鮮の核問題は、米朝両国が九四年にジュネーブで「枠組み合意」を採択し、北朝鮮の核施設凍結と朝鮮半島エネルギー開発機構（KEDO）による北朝鮮に対する軽水炉建設、重油供給でいったんは解決の道を歩みはじめました。しかし、二〇〇二年一〇月、北朝鮮が米国に対してウラン濃縮による核開発計画を持っていると認めたことを契機に、米国は重油供給を中断する一方、北朝鮮も核施設の再稼動や、停止していたNPTからの脱退を再び表明するなど、問題は一気にエスカレートしてきました。

こうした状況下で、北朝鮮は既に核兵器を所有したのではないかという見方が、米国だけでなく日本、韓国でも強まり始め、衝撃と緊張は米朝間にとどまらず、東アジア全域におよぶ情勢にあります。

北朝鮮の核保有は、国際的な核不拡散体制を強く進める米国にとって絶対に容認できない事態であり、北朝鮮を取り巻く大国の中国、ロシアも危機感を募らせています。その背景には、北朝鮮の核保有は日本、さらに韓国、台湾の核武装を引き起こしかねないという国際社会の強い懸念があります。

さいわい、イラク戦争開始後は北朝鮮が米朝対話に柔軟な姿勢を示し、米朝中による三者協議が決まり、北朝鮮問題の平和的解決をさぐる動きがでてきました。

この座談会はそうした絶好のタイミングで専門家のみなさんに、まず北朝鮮の核問題をめぐる当面の動きを分析していただきたい。とくに米国から帰ったばかりの伊豆見先生には、米国内部の最新状況をうかがいたいと思います。

つぎに、ここまでエスカレートするにいたった問題整理として、米朝関係の軌跡と関係国の対応、政策について意見を交換したい。それを踏まえて、いよいよ実現した多国間協議の見通しはどうか。また今回、協議からはずされた韓国と日本の対応を見たい。そして今日の討論の最大のポイントは、北朝鮮は核を放棄する可能性があるのかどうか。あるとすれば、その条件は何か、ということです。

そうしたなかで日本はどういう行動を選択するのか。これが討論の締めくくりになります。その際、日本人拉致問題が今後の日朝関係の進展にどう影響していくか。また日米同盟の問題、有事法制についても触れるべきだと思います。さらに若干複雑になりますが、日朝間の歴史問題にも言及し、最後は平和憲法の精神を指摘しつつ、東アジアの平和と民主主義の大きな枠づくりをめざす意見をうかがえればと思います。

それではまず伊豆見先生から、米国の動きについてお聞かせください。

アメリカの北朝鮮に対する姿勢

伊豆見 まず今回、多国間協議は米朝中の三者でということになりましたが、これはアメリカにとってみれば、今の段階でいうと満足すべきなのだろうと思います。それはどういうことかというと、第一にアメリカにとって多国間協議という意味は二国間協議、要するに米朝直接協議でないものであればなんでもいいということであります。それが第一点の条件。第二点の条件は、中国を必ず加える。その二つの条件が満たされるものが今回の米朝と中国という協議になるわけです。それをもちろん北朝鮮側は当初嫌がっていたわけですけれども、最終的には受け入れることになったので、ここまでの段階ではアメリカにとってみれば意義のある話だということになると思われます。

多国間協議でアメリカが目指しているのは、もちろん北朝鮮の完全なる核兵器開発プログラムの放棄、解体ということでありますので、それをこれからどうやっていくかという話は決して簡単ではないと思いますけれども、今の段階でいえばアメリカの中にはある期待感、すなわちもう北朝鮮は降りるしかない。それしか彼らに生きる道はない、核兵器開発を完全に放棄する以外、北朝鮮には選択肢がなくて、その選択にいよいよ向かい始めているという感覚なのであろうと思います。

その際、実行していくその過程、インプリメンテーションの過程で北朝鮮がきちんとやるかどうかがわからないというのももちろんあるわけですし、それがそんなに容易に達成されるという楽観論は特にアメリカ側にはないと思います。しかし一たん核放棄の方向へどんどん北朝鮮が進んでいくならば、達成し得るものであるかもしれないというぐらいの期待感というのは、ブッシュ政権の中にはあるのではないでしょうか。

途中で北朝鮮はだだをこねたり、やめたり、約束をたがえたりとか、いろいろなことが推察されるがゆえに、中国の参加が必要だったと言えましょう。北朝鮮が核開発を完全に放棄するというコミットメントをアメリカに対してのみ、あるいはアメリカを通じて国際社会に対して約束するというのでは不足であって、中国に対しても約束させなければいけない。今回、中国に対しても約束することになれば、北朝鮮がそれを守らざるを得ないような状況に持っていけるだろう。なぜならば、アメリカと中国の双方に対して約束してコミットしたことをたがえる場合には、それに対する罰則・制裁というものがアメリカのみならず中国からも同時に加えられるということですから、その形が一応とれていることによって、アメリカは「北朝鮮はもう一方的にどんどん核兵器開発を放棄の方向に向くしかないのではないか」と期待を抱くことができるわけです。

アメリカというよりも、ブッシュ政権の中の特にハードライナーといいますか、ネオコン（新保守主義者）の人たちは、そういう期待感を明らかに持っています。むしろ地域を見ているような人とか、あるいは前クリントン政権の人たちは、「そんなにうまくいくわけがない。北朝鮮がそんな簡単に譲歩するとはとても考えがたい」ということで、彼らのほうが慎重でしょう。むしろ今のハードライナーと呼ばれるような人たちのほうが、いけるのではないかという期待感を持っている。

そこで問題となるのは、「裏切られたときにどうなるか」ということです。「北はもう譲歩するしかないのではないか」と考えているときに、譲歩しなかった北朝鮮というのをどういうふうにブッシュ政権が受け止めるのかというのは、あまり私は考えたくないですね。怖い話だろうと思います。

小田川　李鍾元先生、今までの経過をどう見られますか。

李　いま伊豆見先生がおっしゃった大枠でそのとおりだと思います。一般的にはイラクのあとは北朝鮮というふうに区切られて、ある種の短期戦の勝利なので、強硬派の発言権、影響力も高まって、アメリカはより原則堅持の立場になって、それが朝鮮半島にもどちらかというと一般的には強硬姿勢になるのではないかというように言われている。

そういうイメージがありましたが、アメリカは、その後、次に朝鮮半島に軍事的緊張を高めるという選択はせずに、以前から言ってきたように「基本的に平和的解決が可能なところであり、平和的解決をする」という線でそれを堅持しています。アメリカの基本的な原則は多者、多国間の協議による平和的解決です。

アメリカも当初の案というか、ベースラインが何かというのははっきりはわからないのですけれども、少なくとも経緯で見ると、アメリカは当初はファイブ・プラス・ファイブ［国連安保理常任理事国の米英仏ロ中五ヶ国と南北朝鮮、日本、EU、オーストラリア］とかもう少し広い枠組みとか、あるいは域内諸国ツー・プラス・フォー［南北朝鮮と米日中ロ］になるのか、日本に対しても何回かのそういうアプローチをしたという経緯があることを考えると、アメリカは最初から三者というふうに考えたわけではないかもしれません。もちろんおっしゃったように中国はキーだというのは実感していましたけれども、数の面ではアメリカもさまざまな選択肢があったと思うのです。

その中で、中国が今、「これは三者だけれども米朝は大事だ」というのを協議のあとも繰り返し言っていますし、「自分は仲介者だ」と言っているように、三者というのは実質的に米朝にする形に限りなく近い。多者間、多国間という意味では、アメリカにすると原則堅持しながらある種の柔軟な姿勢を示したという意味では、これは非常に注目すべき点だと思うのです。

しかもイラクの戦争が短期に終わったあとに、直接の北朝鮮の反応は二通り出ました。四月六日の外務省スポークスマン声明は素直に文面どおりに読むと驚愕《きょうがく》するような内容です。これはもう核開発宣言だと思わざるを得ない。つまりこれまで不可侵条約と抑止力という両構えだったのが、イラクで明らかになったとおりに、不可侵条約でもアメリカの戦争を抑止することはできない。だから必要なのは自衛のための強力な物理的抑止力だと。

向こうの修辞法に慣れていないせいなのかもわかりませんが、今朝の朝日新聞では「北朝鮮がこれまで締結を主張してきた不可侵条約という条件は下げたことになるか」という解説がありましたけれども、私は、これは内部である種の強硬派的な論理をとった核開発宣言に等しく、そういうものだろうと解釈しました。直接的には恐らく安保理の決議、議長声明の決議をけん制する意味があったと思います。しかし、そこでアメリカが多国間の協議であるという配慮を示しながら、あえて議長声明を強くプッシュしなかったわけですね。

それをアメリカの予定どおりの原則と見ることもできますし、あるいは本来ならばこれはNPTの脱退、それからさまざまな違反となると、自動的に安保理で検討し、議長声明、ある種の制裁の措置に入るという自動的なプロセスがある。にもかかわらず、アメリカはあえてそれをせずに政治的な解決を求めてそこで踏みとどまる。それで北朝鮮もある種の妥協というか、きっかけをつかんで、その翌々日でしたか、「多者間など形式にこだわらず受ける」というサインで急進展した。

実際に一〇日に北京で接触という展開になったということを考えると、国連が九日で中止というか、議長声明など強いものを出さないことによって、北京で接触が可能になったと。そういうプロセスを見ると、アメリカは割と柔軟な姿勢を示したということだと思うのです。

ですからそういう意味では、アメリカがハードルを下げた訳です。アメリカはもちろん先ほど伊豆見先生がおっしゃったとおりだと思います。要するにここでアメリカはいろいろな条件を下げたというのではなくて、とりあえず北の実行を担保するような枠組みをさらにつくっていくと。そういうことでアメリカが従来のいろいろなスタンスから転換したというのではないので、譲歩とは言い切れないのだけれども、柔軟な姿勢を示したということを考えると、これはやっぱり特筆すべきものだと思います。

イラクの戦争との絡みでつけ加えますが、やはりアメリカは去年から、例えばチェイニー副大統領、ラムズフェルド国防長官も含めて「イラクと北朝鮮は違う。区別して対処する」という話を繰り返ししています。私はある意味でそれは正しい判断だし、そのとおりだと思います。アメリカが例として出している「イラクは中東で一番危険で大きい国である」に対して、「北朝鮮は周囲に閉じ込められている脅威」であり、そういう意味では核兵器を持っているかもしれないけれども、それでも地域内の外交的解決、平和的解決が可能な状況です。

アメリカ国務省のスポークスマンは「近い過去にイラクは侵略したことはあるけれども、北朝鮮は侵略したことはない」とか、そこまで言ったりして、アジアの感覚とちょっと違う論法で言ったこともあるのですが、いずれにせよアメリカはそういう区別をする。要するにイラクと北朝鮮では置かれている状況は違うということを言っていました。その背景にあるのは、恐らくアメリカの戦略にとっての優先順位が、やはりイラク、中東が第一のプライオリティーであって、イラクが終わったとしても恐らく中東の民主化というプロジェクトを考えると、次の課題はパレスチナ問題の解決と安定化であり、直接その背後になっているシリアを押さえ込むことです。

このシナリオはイラクの占領だけを見ても、これはすぐ終わる話ではないわけです。端的に申し上げると、アメリカの国内の関心とかいろいろな意味での関心も、中東が朝鮮半島よりもさらに高い。一般の感覚からしても近く感じますし、石油との絡みでという意味で大衆の支持、国際世論の支持、それから来年の大統領選挙を踏まえて国際政治と国内政治的な思惑等を考えると、やはり中東でこの勢いで民主化のドミノを着々と進めていくというのが第一順位のような気がするのです。

そうすると、北朝鮮は異質の体制で、体制が嫌いだというのは明確ですけれども、やっぱり様々なコストを覚悟で体制変化（レジーム・チェンジ）を何が何でも、しかも軍事的コストを払ってでも進めていくようなところでもないというのも、同時に明確です。だから無視政策といわれ、突き放して域内諸国の処理ということになる。北朝鮮が挑発的な行動をとるか攻撃的な行動をとらない限り、アメリカとしてはそれほど軍事的にそこに入っていく必要はないという意味では、基本的にはやっぱり戦略の優先順位、それから戦略的に置かれた状況などの違いがあるのですね。そういう意味でアメリカは、多国間のやや余裕をもった取り組み方ということになります。そこから若干のいろいろなバリエーションで、もう少し柔軟な姿勢でやったというのが今回だろうと思うのです。

これはアメリカから見ると予定どおり、それが最低のラインか何かわかりませんけれども、少なくともアメリカがいろいろな意味で「同盟国として重視する」と言ってきた日本、あるいは韓国——最近同盟は怪しくなったという議論もあるんですが——そういう日韓を過渡期的に犠牲にしながらでもそれをオーケーにしたというのは、やはり大局的に見るとアメリカの柔軟姿勢であると。これがとりあえず入り口に入ったという段階では柔軟姿勢であるということは評価、注目すべきだと思います。

協議の中身で衝突するかもしれませんけれども、それはやっぱり中国という「重石《おもし》」がかかって、枠組み全体を破壊するようなことはそれこそ北もとれない。それでアメリカもかなり慎重にならざるを得ないので、枠組みができたという意味では、私は慎重ながらある種の期待が持てるもの、数は少ないけれども実質的な進展があるとすれば、もっとも進展が期待できるような枠組みができたと思います。

中国が北朝鮮に及ぼす影響

小田川　ありがとうございました。ここでもう少し補足ですけれども、中国も入れるという図式が今回非常に大きいわけですが、アメリカの政権の中で中国を引き込むに至るプロセスについて何か言われているところはございますか。

伊豆見　先ほども申し上げたように中国がいなければダ

メなのです、アメリカにとって。要するに北朝鮮のコミットメントというのは中国に対してもなされなければいけない。北朝鮮が約束を破った場合には中国も制裁をするという形をとらなければいけない。これはハードライナーの感覚でいえば、本当に制裁を加える場合にはみんなでつぶすということになりますから、中国は絶対いなければいけないという話にもなります。

もう少しモデレートというか穏健の立場からすれば、別の意味でいいことは、中国がいることで戦争の危機が相当少なくなる可能性があるのです。要するに米朝で取り決めたものというのは、北朝鮮が約束を破った場合にすぐ戦争かという話になりかねないのですから、ここにワンクッション、中国を置いておくと簡単には軍事的な衝突という話にはならない。いずれにせよ、中国は絶対取り込んだほうがいいということで、今回ブッシュ政権は相当努力をしました。

他方、中国の方も積極的だったということになるでしょう。去年の一二月以降、スタンスからすると、明らかにかつての北朝鮮の同盟国とか中立的だとかメディエーターとか、そんな話ではない。明らかにアメリカの側に立っていた。最後のところの動きが鈍かったのは、やはり全国人民代表大会（全人代）の人事が決まるまでは動かなかったということです。それは僕に言わせれば、江沢民体制がきちんと固まるまでは動いてくれなかったのです。全人代で江沢民が再任されて、曾慶紅を副主席に持ってきて、いわば私はあれはもう胡錦涛体制ではないと思うのですけれども、江沢民体制がガチッとしたところで中国はこの問題に積極的に動き出したと思うのです。それは時期的には完璧に一致しているわけです。そういう選択だと思います。

李　中国の江沢民体制とおっしゃったのですけれども、新しい世代がやはり北に対して厳しい見方が一般的だというのは、これはもう中国の人と話をしてよく感じることです。その世代交代による中国自身の態度の変化というのは、北にかなり強烈な圧力になるということは明らかだと思います。それを逃れるためにロシアカードとかを駆使したけれど、ロシアは実力がないので進まなかったということがあります。

もう一つは、地域紛争の安定化のための米中の戦略的協調というのは、さかのぼればニクソンとか以前からあるのですが、直接的にはクリントンのときに一番試みられたわけですよね。特に朝鮮半島を巡って戦略的に台湾を抑制したりしました。そのように台湾との連動が見られます。クリントンは台湾についてはやや譲歩するような姿勢が見られたのだけれど、ブッシュになって反テロで若干の紆余曲折はあるけれども、どちらかというと台湾に強気で出て、北朝鮮に対してもあまり米中の協調が構造的に成り立ちづらいような、そういうことがあった。

そういう流れからすると今回、実体的に中国を動かさないと北朝鮮は動かせないということがあったにせよ、北朝鮮問題の解決の軸に中国を据えるというのは、アメリカの東アジア全体の戦略で何か変化があるのかどうか。あるいは一時期、九・一一同時多発テロ以後、私は米ロの戦略的協調でEU牽制と中国囲い込みといろいろな意味があったのが、ちょっと違う展開があるのかどうか。あるいはアメリカはもう既に九・一一以後は非常にフレキシブルな状況なのかという意味では、興味深い話ですね。

康　私は過去の実績を見れば、中国が北に及ぼす影響というのはものすごく大きいと思います。具体的な例が九一年の南北同時国連加盟です。あのとき、僕たちは中国に対して「今年は必ず入るから」ということを強調しているのです。それがそのまま、つたわったわけです。関係者の伝言によりますとその時、楊尚昆国家副主席が平壌を訪問し、中国の立場を説明したといいます。「いや、一年待ってくれ」というのが大体平壌の答えだったのです。ところが鄧小平さんが「一年待つということでも、また来年このような状態が起こるのではないか」ということで、「今年、中国は拒否権を使わない」と決めたわけです。

こんなことになって、北では、韓国だけ入るとどうするのか。その次に入ろうといった場合はアメリカ、フランス、英国が拒否権を使ったら入れない。そこで北朝鮮は一週間以内に同時加盟に変わってしまったのです。このような実績から、僕はアメリカでも中国を認めているのではないかなと思います。特に今年になって僕はこれも圧力の一つではないかと思っていたのが、中国が北朝鮮に対する重油供給を二〜三日間とめたでしょう。

李　三月初めに。

康　そうそう、これも圧力ではないかと思うのです。僕は中国の友だちからこんな話を聞いたのです。「康さん、皆さんは三〇〇キロ以上離れているが、僕たちは三〇キロ以内ですよ」と言うのですよ。何が三〇キロかといったら核施設がある寧辺です。寧辺でもし事故が起こったら、鴨緑江をすぐに越えるでしょう。直線距離でいえば三〇キロ以内と思います。だからそれぐらい北の核兵器に対する危険性を感じている。それの意味では、僕はアメリカと中国は一致して圧力をかけるようなことをできると思います。そのようなことが今度あらわれたのではないかなと思います。

和田　このところ金正日氏が五〇日ばかり姿を現わさなかったですね。何があったかという論議と関連して、韓国のほうではこの間中国との相当な折衝があり、中国へ行っていたのではないかとの見方もありました。

やはりアメリカの今度のイラク戦争を見て、もちろん北朝鮮も非常に恐怖を感じたと思いますが、中国も湾岸戦争以来、改めてもう一度アメリカの力に強い印象を受けているのではないかと思います。だから中国としては、北朝鮮が今のようなことをやっていて衝突になったら大変だという気持ちがあって、中国がむしろ非常に積極的に北朝鮮を説得した。それで北朝鮮としては柔軟姿勢をとるというふうになったのではないか。アメリカが中国を入れたいというだけではなくて、中国のほうがそれだけの力を示したという事実があるのではないかと思うので、その辺を朱さんからお聞きしたいのですが。

北朝鮮のねらいと背景

小田川　その前に康仁徳先生から、もう一方の主役の北朝鮮の今回の前向きの態度変更ということですが、北のねらいと背景についてはいかがですか。

康　私はこれを見ながら、やはりいま和田先生が話したとおりに、イラク戦争で使ったアメリカの先端科学兵器に相当脅威を受けているのではないかなという感じがまずします。もちろん李さんが話していたとおりにまだ中東の問題解決は長い時間がかかるでしょう。アメリカにとってはプライオリティーがそこにあると思います。

しかしいったん戦争が終結したらアメリカ軍は撤退するのではないでしょうか。東アジアから送られた米軍は原状に戻ってここに来るでしょう。さらに米軍が北東アジアの作戦能力をふやすような方向に再配置された場合、北にとって問題の解決がもっと難しくなるのではないでしょうか。米軍が来てから何か妥協点を出すよりも、来る前にこのようなことを察して妥協の道を探ると。

特に今度の北京三者会談を見れば、中国が仲介役を買って出たような態度を取るのではないでしょうか。三者会談での中国の立場は「あなたがた両国で話しなさい。私はちょっと外れますよ」というような柔軟性をとって、北の要求するこのような米朝会談の場所を自らつくってあげるような、そして北のメンツを尊重するような会談方式をとる可能性が十分にあります。

もう一つ私は、この問題がさきほど僕たちが一般的に考えるとおりに、対米交渉の手段として核を開発しようとしているのか、または核を持とうとするのかを判断することができるでしょう。今度の北の態度を見て、やはり「北の核というものは外交の一つの手段ではなくて持つという方向ではないか」という危機感を持っています。最近北で出している論文を少し見てみたら、おもしろいのは、「過去のマルクス・レーニン主義共産主義国家と我々の違い」というのが表現に出ています。それは「先軍政治」という事です。

先軍政治というのは何かを、理論的に説明しているのです。こんな説明です。「今までの共産国家は党が中心だった。だから先党後軍だった。しかし我々は先軍後党だ」と。これは共産党独裁論理とは全然違う話です。軍隊が党を握るということを正当化させたという格好です。このような考え方が、僕は金正日の政治に対する考え方ではないかと思います。

先軍政治というのは単純に軍事を優先させるという政

治ではなくて、政治の全体像をあらわしていると思います。このような意味で先軍政治を概念化した場合、金正日委員長は最高の兵器及び最高の政治手段として核を持つという結論に達したと思うのです。核を必ず持つ、外交交渉の手段としてではなくて体制維持、体制の安全上、持たなければならないというなら、そう簡単に拋棄するはずがないのではないかと思うのです。このような決意を持ってアメリカに対する要求を出す。その中の一つが不可侵条約を結ぶということなら、アメリカは絶対に応じないでしょう。応じても核の不可逆的廃棄を確信することができないわけです。一般的な見解は、徹底的な圧力、強硬な措置をとれば北側も折れるだろうといいます。もちろんその可能性が無いとはいえません。しかしそこまで行くには何回も瀬戸際に立たなければならないでしょう。その場合、金正日委員長はより柔軟性を見せる可能性が多いでしょう。なぜかといえば政策転換の柔軟性を持っているからです。彼が決めたら何時でも一八〇度転回ができるわけです。このように考えた場合、忍耐力を発揮しなければならないと思うのです。

だから今からの対話というのはそう簡単に思ったとおりにいかないだろう、瀬戸際が何回も出るような。その結果、緊張はふえる。ふえても、そこが戦争につながるのではなくて、また駆け引きの対話を続けるような状態に持っていく。このような繰り返しが何回か続きながら解決の道が見えそうになるだろうから、相当長い時間がかかるのではないかと思いますね。

中国はどのようにかかわるのか

小田川　朱建栄先生、これまでの中国のこの問題に対する対応も含めまして、今回の役割・背景などについて何えればと思います。

朱　三月中旬まで二週間北京へ行って、その間「核の問題は打開されるか」という北京の国際問題研究の学者の座談会にも出ました。今回三者協議の決定を見て「なるほど」と思ったところはあります。

中国の内部でここ数年、北との間に、この体制が崩壊されるともちろん困るが、かといって北を変えさせるために中国から自ら一つずつ指図するというようなことも避けたいというジレンマに陥っていました。一方、北朝鮮に対する不満が徐々に高まっているのは事実かと思います。

第一に難民の問題です。政府の対応は割に冷静ですけれども、民間では、中国にただ負担をかけたというよりは、もう同じ社会主義国家としてのメンツがつぶれているとしています。「同じことを我々はかつては確かにやった。でも忘れようとしている。しかしあの連中はまだやっている」と。ですから、知識人と一般の民衆の間では明らかに、「この体制、何をしておるか」という北朝鮮に対する不満や批判が出ています。

第二の問題は去年、新義州特別行政区を中国と相談もせずにつくろうとした。先方がいろいろ経済改革をやりたいというようなことはわかるのですけれども、しかしその話については実際の可能性も十分に検討せずに、中国とも相談せずにこういうことをやった。新義州というところには何もインフラがない。そういうところを開放するということは何を意味するか。工業施設は近い将来作れない。あり得るのは、言ってみれば売春、とばくです。

そうすると、中国から資金が相当吸い取られる。中国の経済改革で一番失業者が出ているのは東北部ですが、無法地帯のような新義州が誕生すれば、中国の東北部は不安定になる。それで確かに朱鎔基首相が北にアドバイスをしたのです。開城などに、南向けに特区をつくったらどうかと。ところが、北はそういう話に一向に耳を貸さずに、新義州でつくろうとした。しかも中国と相談しないでする。これが中国の国益と衝突が生じたわけです。

何よりもやはり核の問題で、中国は頭を痛めている。北京の政府関係者では、北が既に核兵器を持っているという認識を持つ人はほとんどいません。主に核原料のプロトニウム、あるいは濃縮ウランは少し持っているのではないか、という推測はあるのですけれども、既に武器として持っているという認識はあまりないのです。

ただ、核兵器の開発・所有を目指していること、この一月以来、NPTの脱退宣言を含めて次々と強硬な姿勢をとっているということ自体が、今、中国に外交上の難題をぶつけただけでなく、長期的に見て、この地域での核開発競争を誘発する危険性が高まっていくと、中国が懸念しているのですね。日本も韓国も、更に台湾も核開発に踏み切ることを恐れているのではないかと思います。

台湾は七〇年代に核開発を極秘に進めていました。最後の段階で一人がアメリカへ亡命して、それをアメリカ側に伝えたため、アメリカが台湾にものすごい圧力を加えてやめさせたわけです。言ってみれば各国・地域ともみんなつくろうとすればできるわけですから、一つのきっかけさえあればたちまち北東アジアの核開発競争が始まります。そういうような認識もあって、何らかの形で対応しないといけないと。この意識が徐々に台頭し、中国の内部で議論が始まりました。

具体的にここ数カ月の動きで見ると、一月一五日の香港の中国系新聞『大公報』に中国人民大学の時殷弘教授が、北朝鮮の核問題に対し、「中国は経済外交をすべきだ」と主張する論文が載りました。

これは曖昧な表現ではあっても、言ってみればその核開発に経済制裁を加えるべきだという意味です。でもそれはストレートにはいえないので、「経済外交」を行うべきだという表現を使ったわけです。中国の学者の間ではこのような意見を持つ人が多数いると聞いています。

さらにこの時教授から直接聞いたのですが、中国の新聞では対北朝鮮批判はこれまでずっと抑えられてきたが、インターネットでは北朝鮮批判の書き込みがあふれています。特に「新浪網」というサイトのBBSでは、猛烈な北朝鮮批判が出ているにもかかわらず、当局はそれを黙認しています。

私が毎日見ているのは、人民日報系のインターネットサイトの「強国論壇」。あまりにも激しい対北朝鮮批判は削除されるのですが、その見出しは全部残ります。見出しはカットできないのです。ほかには「この国をなぜ助ける必要があるのか。中国はずっと裏切られたではないか」と、そういうような書き込みは載っています。

そうした状況の中で象徴的な動きがありました。北朝鮮の核問題についてＩＡＥＡから国連安保理へ討論を付託するかどうかが提起された中で北はおどしをかけて、「国連安保理で討論すること自体が宣戦布告だ」と警告しました。にもかかわらず、中国は国連安保理の討論に賛成票を投じたのです。

国連安保理へ付託の是非を問う採決があった日の朝日新聞の報道ですが、国際記者の分析、それは中国は棄権票を投じるだろうと。中国の学者の分析も使っているのですけれど、それも棄権を投じるだろうというものでした。ところが一面では最新ニュースが飛び込んできて、賛成票を投じたということです。もちろん中国は理屈はつけたのです。立場は別として手続き論で、IAEAから国連安保理に持っていくのは反対できない、という立場でした。それに対してロシアは棄権票を投じました[13版紙面=神奈川、千葉県など]。

四月初めにアメリカ側は、国連安保理の議長声明で北朝鮮批判をしようと働きかけたが、中国はそれに反対しました。今になってわかるのですけれども、裏では中国の仲介工作が既に相当進んでいたため、北朝鮮をここであえて刺激する必要は何もないと中国は考えたわけです。アメリカもそれに理解を示し、提案を取り下げました。

問題は中国がどのようにかかわるか。中国の原則は第一に、単独で北にプレッシャーをかけることは避ける。それは絶対にしないです。しかし一方、ほかの国と足並みを揃えて一斉に批判すること、言ってみればみんなで北を袋叩きにするようなことも避けたいということです。では、どうすればいいのか。実は「九四年方式」[九四年の米朝枠組み合意を実現させた手法]というのが、中国の今回の外交行動の参考になったのです。当時、アメリカが本腰でいろいろ圧力を加えた。「制裁をする」「国連安保理でも決議に持っていく」と迫っていました。

そこで中国は平壌に密使を派遣して、「このままですとアメリカはどうも本気にやるらしい。我々も、もう安保理でこれ以上は拒否権を行使できなくなった」と説明しました。「中国が反対票を投じれば、アメリカは中国に矛先を向けてくる。そのため棄権せざるを得ない形勢だ」と。こういうような話で持っていって、北は最後に妥協を決断するに至った。少なくとも中国ではそういうふうに「九四年合意」の背景を総括しました。

それで、今回も、アメリカのプレッシャーをある程度借りる必要があると中国は判断する。それがなければ北朝鮮は動かないからだ。ちょうどイラク戦争がプレッシャーになった。アメリカはイラクの次にどうもここにやってくる。北もそういうような心理的プレッシャーを強く受けていました。

中国はまた九四年の経験と教訓としてアメリカの動きを外圧としてうまく使えば、自分は悪者にならずに事態を打開することができるとの読みがある。そこで一カ月余り、中国とアメリカとの間で頻繁な詰め、いろんな話し合いがあったのです。米中間はどこまで本当に役割分担についての討論をしたかはわかりませんが、少なくとも中国側は「外圧」を借りて北にいろいろな説得をしたことは間違いありません。

一方、北の心配もわかると中国は考える。一つは安全保障の問題、第二は経済支援のことで。それについて中国は最近、核の廃棄とともに北の安全保障についても関係諸国は真剣に対応すべきだと主張しています。そのような米朝双方への配慮が最後に、「三者会談」を実現させたのではないかと思います。

李　北に対する安全保障を中国が保証すると、具体的にはどういうことになるのですか。

朱　かつては両国間の友好相互援助条約をもって支援していましたが、一方、条約には北による南への攻撃を支持する義務はないと中国は言明しました。八〇年代と九〇年代の一時期は中国はその義務の明記を条約から取り外そうと内部で検討していましたが、近年になって、条約の修訂は中朝関係にとってマイナスが大きいとして、これを活用しようではないかと考え直しているわけです。

そして今回と今までの違いというのはかつては北朝鮮の裏に立って「守る」としていたのに対し、今は米朝合意の立会人、保証人になるという立場です。アメリカは北朝鮮へ武力攻撃しない約束を条約まではしたくない、でも長期的拘束力の無い約束では北は安心しない。それに対して中国、またロシアは保証人、立会人になるわけです。

ロシアの果たす役割

小田川　もう一つのプレーヤーのロシアが今回、多国間協議の当事者からは当面は抜けるわけですが、しかしこの間、主に経済分野で鉄道連結問題を積極的に進めてきた。北朝鮮への武器供与絡みもあったらしいけれども、北に対して保護者のような役割もしていたと思うのです。ロシアのこれまでの対応、および今回抜けてもいずれ入るということでいいのか。ロシアとしてはどうなのでしょうか。

和田　私はロシアの今の動きもあまり細かく見ていないのでよくわからないのですが、一般的にはとにかくロシアの落ちた力を再び取り戻したい、大国としての地位を取り戻したいというプーチン大統領の方針からすると、やはりアジア政策をしっかり立てたいという気持ちが非常に強いと思います。その際には、エリツィン時代の韓国一辺倒、北朝鮮無視という政策を修正して、北朝鮮に対する影響力をよみがえらせることによって、アジアにおける大国としての国際的役割を演じたいという志向が強く出てきたのです。

一方で北朝鮮のほうは、プーチンの「強いロシア」という構想に非常に親近感を感じた。中国の改革開放は北朝鮮から見るといいものではあっても、やっぱり得体の知れないもの、北朝鮮のような国では遠く及ばないような性格のものですから、ロシアの悩み、再建の努力のほうが、むしろ北朝鮮に近いということですね。そういう意味で金正日はプーチンに親近感を持ったということもあって、それまでソ連で起こった社会主義崩壊をずっと受け入れず、拒否していたのですが、エリツィンからプーチンへという流れでそれを受け入れるということになった。

そうなれば、もう社会主義であるかどうかより強いロシア再建の路線がいいというのですから、自分たちは「強盛大国」でいくことになった。先ほどお話もあった「先軍政治」という独特な政治体制を立てるという方向は、プーチン的なものに親しみを感じて存在していたと言えるのです。金正日はロシアに二度も行って、鉄道の話もしたのですが、武器の問題も含めてロシアからの援助はそれほどには入って来なかった。

今度の核危機が起こってすぐロシアはロシュコフ外務次官を派遣して話し合いを持って、二国間ではなくて多国間の協議で、ロシア、中国が保証人に立つという形で北朝鮮に対する安全保障を与えることによって、北の核開発をストップさせるという案を推進したのですが、すぐにはそれでは進展しなかったわけです。結局、中国の説得がアメリカの動きとも関連して進むようになって、ロシアは当面は外れてしまうということになった。だからロシアとしては非常に不満だと思いますよ。

しかしそうではありますが、それはそれで仕方がないですか。ただやはり最終的にいえばアメリカが核によって攻撃しないという保障を北朝鮮に与えるときに、その立会人として中国とロシアが立つということをロシアは考えていると思うし、最終的には北朝鮮もそれを望むと思います。だからロシアとしては次のラウンドで自分たちが出るときを待つというふうにするしかないのではないかと思います。現実にバイタルな援助はやはり中国がいろいろな意味でしてきているのですから。

だから感情的にはかなり親しくなっているし、現に金正日の誕生日には白い馬も贈ったたし、今度もまた金日成の誕生日にメッセージを送っているので、北朝鮮のほうでも「プーチン、プーチン」と大変なる親近感を表しているのですが、それとこれとは別だという動きです。

最終的にロシア、中国、アメリカの三国がこの地域での核兵器の不使用を誓約して、それで北朝鮮、日本、韓国は核兵器をつくらないと表明するというような形で合意する、要するに、実質は米朝ですが、四国が立会人、保証人としてつくというのが、北朝鮮にとっては一番プラスの道ではないかと思いますね。

小田川　中国の場合は、北朝鮮とは友好協力相互援助条約という支えがあるでしょう。ロシアの場合は、冷戦後はそれが少し弱まりました。

和田　ロシアは六一年に締結した朝ソ友好協力相互援助条約はすでに破棄したので、新しい条約を結んだわけです。もっとも新しい条約の全文は発表されていないのです。まだ、隠されています。それでプーチンが行ったときの共同声明で、「侵略を受けたときは相談する」ということになっているのです。もちろん軍事的な援助を約束するような、中国が今までなおも続けている古い条約のようなものではないと思います。

先軍政治の方向性

朱　中国について二〜三、補足したいと思います。先に話が出たかどうかわかりませんので、中国が北朝鮮の核問題で動かないといけないと決断した背景には、最近、特に国際的責任を果たすべきだと、そうしなければ大国としては失格だと、そのような議論が中国国内で相当出たことが挙げられます。これが一つ。

もう一つは、三者協議は朝鮮戦争休戦協定の当事者の延長線で妥当ではないかという見解についてですけれども、九〇年代以来の動きを見れば、北朝鮮が今回は大きな譲歩をし、作戦転換を行なったと評価すべきだと思います。なぜなら九三年に中国は北朝鮮の要請を受けて休戦交渉のテーブルから脱退したのです。

だからアメリカとだけやろうとしてきた平壌としては、三者合意を受け入れたこと、十数年ぶりに中国の返り咲きを認め、しかも中国が米朝の仲介役になることを容認したことになります。次に六者協議に持っていく可能性もありますが、第一歩として、私はやっぱり評価すべきだと思います。

二者交渉の枠から踏み出して事態の打開をやや真剣に考えざるを得ない、それはただの時間稼ぎではない部分が出てきた。私はこう判断します。

伊豆見　北朝鮮が時間稼ぎではないと？

朱　北朝鮮は時間稼ぎを、内心ではもちろんしたいでしょう。しかし中国からすれば、北にとってこれ以上時間稼ぎをする余裕がなくなっています。第一にアメリカの力は九四年のときに比べて格段に強くなっているし、それに牽制・対抗できる勢力がなくなったこと。何よりも北の経済困難、食糧難が焦眉の急になっている。かつては時間稼ぎが北にとって有利だったが、今はもはや時間が北にないという分析が北京にあります。

康　北が今度は時間がないということを認めて積極的に

出ればいいのに、まだ何かやるのではないかな。それが一番の心配です。

僕が金正日のやり方を見てずるいなと思うのは、国家最高責任者でありながら国民の立場というのは全然考えないということです。彼は次のように説明しています。お父さん（金日成）が僕（金正日）に教示したのは、「首領という人は細かい経済的な問題に取り組むな。軍事問題を最優先に解決せよ」ということであったと。だから僕は経済が悪いということを知っているし、今日も食糧を求めて平壌の郊外に出る人を見たが、僕はもっと大きな問題、国家の基本土台づくりに臨んでいるのだと。こんな考え方。国防委員長になったのもその責任逃れの一つではないかなと思います。だから経済は内閣に任せて、「おまえたちがやれ」と。「失敗したらおまえたちの責任で、成功したらこれは偉大なる首領様の戦略でやった」という方向に持っていく。だから、どうしたら金正日さんに圧力が直接入って、「これはこうやったらダメだ」ということを教えるか。私は、それはやはり直接彼と会って話す人、これが重要だと思います。だからその下の者に会って伝えるのではなくて、直接会って話すといった場合は、中国の場合は李肇星外相ですか。あるいはそれ以上の方。小泉さんもよかったのですけれど、その面を今からどうするのか。民主国家においてはもし政策が失敗した場合、大体国民の世論もあるし、下で仕事を担当しているものの提案もあるし、そこで民主国家ならすぐ解決できますけれども、あそこは金正日以外の者は政策修正権が無いのでできないのです。だから長引くのです。だから今度、いま朱さんの話したとおりに、ちょっと北のほうで金正日には時間がないということを自ら確認して出てくれればいいのに、彼が彼自身の安全保障、個人的安全保障のために引き延ばしたりしたら、これは大きな問題になるのではないか。だから圧力はもっとかかるのではないかという考えですね。

朱　北は一人だけですべて政策を決める。中国は個人独裁からはすでに脱皮している。一年余りの流れを総合的に見れば、金正日さんはここまできて、軍事優先路線ではもはや将来がないということが少しずつわかってきたのではないか。

そのあらわれは去年の動きに出たのです。国内の物価改革、そして結果として不発に終わった新義州特別行政区および日朝交渉、それは今までのやり方と違う方向を模索しようとする動きのあらわれだと思います。

軍事優先政策は中国、ソ連から同盟国として支援があれば、それはそれで成り立ちます。かつてベトナム戦争で北ベトナムが戦えたのはまさに中ソの支援があったからですが、今はそういうのがない中で、軍事優先というのは大きい負担として、再生産のできない負担としてますます重荷になるということは、金正日さんも薄々とわかってきたことでしょう。

ただその対応の仕方から見ると、時代の流れを見ていない。結局苦境打開のための措置（新義州や日朝交渉）は中国や日本との間に矛盾・摩擦を残してしまう結果になりました。しかしその背後には、お父さんの時代からの軌道修正を模索しているのは事実でしょう。

そのため私は北の内部改革の可能性は少しはあると期待しています。

康　二〇〇〇年六月の首脳会談に行った私たち南側の民間の人が帰ってきての報告を聞きながら僕が考えたのは、南の民間人の前で、金正日は「僕の権力は軍力から出る」という話をした。軍事力を軍力と話していたのです。これは僕は意味が違うなと。軍事力という言葉と彼が使う軍力という言葉というのは少し違うのではないかと考えるのは、一般的概念よりも政治的な面、もっと広い面も強調するのではないかなという意味ですよね。「僕の力は軍力から出ている」と。こんな考えを持った者に対して一番効果的なのは、やはり軍事力だな。だから今イラクの米軍兵力をそのままここへ持ってきて、デモンストレーションをやるのが有効ではないかなと思うんです。

和田　その点は私は異論があるのです。もともと北朝鮮は軍事優先だったわけですよ。ただそれを表現するときに、金日成の時代はやはり相当に抗日遊撃隊重視のイデオロギーが大きな役割を演じていたような気がしますし、金日成個人のカリスマもありました。

ところが金正日氏になった場合に、そもそもがこの人は武の人ではありません。文の人です。映画とか歌劇とか建築とかが得意な人です。そういう人が人民軍の総司令官として修行中であった。金日成が死んでどうするかというときに、結局軍を中心にしていくということにした。もちろん共産党員三〇〇万人を食べさせるのは大変だ、それより軍人一〇〇万人を食べさせてそれを中心にしたほうが現実的だという考えだったかもしれません。とにかく軍というものを社会の中心に据えて国家をつくるということにした。それは「軍事優先で戦争を準備する」というのではなくて「軍の力で基本的には経済建設をやる」ということです。

つまりあえていえば、韓国における六一年の朴正熙のクーデターのように、一種の軍事革命委員会みたいなものをつくって、それで軍の力で社会を引っ張っていくのだという感じです。ですからあの国防委員会中心の体制というものは、結局のところ、やはり経済をつくり直すというところに非常に大きな意義があったと思うのです。

それで何度も何度も日本との折衝を試みて秘密交渉も持ちかけたところで、一方では経済改革の話も出したのです。今となっては軍隊でアメリカの侵略に備えるのだとかと言っていますが、この体制は、軍を中心にして社会の結束を図って国難にあたっていく、国難の最たるものはやはり経済危機ですから、それに向けるということではないかという気がしています。

李　先軍政治ということでは党が弱体化して、やはり金日成死去後に経済危機とかで、党の体制が大きく崩れて、やはり軍にある意味では内部の統治も頼らざるを得ないというか。

康　そういう面があったでしょう。

李　そういう意味では、先軍政治の向かう方向性がどこなのかというのが基本的には問題であって、先軍政治というスローガン自体も今の北のある種の政治的な状況のあらわれのような感じで私は見ていました。

康　私が今、北を見ながら困ったなと思うのは、先軍政治の考え方、先軍政治のやり方、先軍政治というのが軍事だけではなくて政治・経済・文化・教育、全部入れての中心ですから、あれでは経済には絶対に効果が出ないということです。あのやり方のような硬直した統制体制では人間の創造力が出るはずがない。

李　これもあえて反論しますと、さっき立ち上げモデルというのがあったのですけれど、いわゆる開発独裁というのは、経済のある段階までは労働集約的な部分とかで、どちらかというと軍のような統制システムが威力を発揮します。社会主義もある種の開発独裁であり、例えば朴正熙政権の時代も、六〇年代、七〇年代ぐらいまでは基本的に労働集約的で、統制経済的なところがあります。例えば軍の中間指揮官で退役する人は民間に全部天下りしたわけなのです。そこで有効な管理職になるわけです。要するに労働者を統制するのは、彼らはそういう意味では得意なわけですから。

韓国では六〇年代を通して、陸軍士官校を出た人は現場の監督みたいにやっていって、それがそういう逆説だと思うのです。

北朝鮮が変化する可能性はあるのか

小田川　康先生、多国間協議を進めてみても、要するに北朝鮮が変わっていかないと最終的に解決しない問題だと思います。したがってここで核開発放棄の可能性とその条件をさぐるうえで、経済体制や政治体制も含めて北の変化の可能性ということについてお話しください。

康　今のような先軍政治というのはもう宗教です。イデオロギーというよりも宗教的なやり方ですから、人間の創造力を発揮するための市場的な考え方や働きはないわけです。だから始めから犠牲を要求する。韓国の企業に対しても利益を度外視した「愛国企業になってください」とそんな話です。企業が愛国企業になるはずがないでしょう。こんな思想を持って経済を進めようといった場合は、絶対にこれは成功しない。

だから一番の問題は、いま北の全能力を経済方面に集中させるような処置が必要なのに、核開発とか軍事優先を続けているわけです。いま、北の経済がよくなったという話をしていますけれども、北の予算を全部合わせてみた場合は大体一一五億ドルぐらいです。これは全体的に見れば九〇年代の半分をちょっと過ぎたぐらいです。九〇年代よりも約四〇％以下になっているのです。

このような状態で、もちろん軍事費も減ったと思いますけれども、このように経済が悪いときに軍事力をまだ維持するといった場合、これは困りますね。一番重要なのは、軍事をふやすことよりも、増やした軍事力をどのように維持していくかということですよ。ここにかかる金を削減してそれを経済のほうに集中して、そこへ市場経済的な考えでもっていって経済再建をするといったらいいのに。

今の北の状態では、それを考えなければならない段階にきたということは確かですね。そこで新義州（シンウィジュ）の特区計画が出たし、南が開城（ケソン）の工業団地計画や金剛山観光開発を進めておりますから、僕はそれを見ながら、北の金正日さんも今は経済中心のほうに何か変化をもたらさなければならないという気になっているのではないかと思う。

しかし、これをもっと積極的に効果的にやることに対してわかっているだろうが、そうした場合は体制にとって危ない。その問題です。僕は考えるのですよ、だれも北をぶち壊そうと考えていないではないか。だから攻撃して侵略する国がないということを知っているにもかかわらず、経済再生のために変わらないのかということです。アメリカが侵略しようとしてもいないし、南が攻撃しようといってもいない、日本がやるということでもないし。そしたら自分自身の統制力がありますから、力で北の国民を統制しながら自分の経済の立て直しの方向へ持っていったらいいのに、それをしないのです。

なぜしないのだろうか。これは、その方向に行った場合は下のほうから崩れ始めて、ロシア式になるのではないかという危険感です。それにかなりこだわっているのではないか。だからどのように彼の頭を変えるかということです。彼が今の絶対独裁的な権力より、集団的といおうか、ちょっと何か知恵を出し合えるような方向に少しだけ変わっても、自分の権力というのは維持することができるだろう。ここが問題です。

特に僕は北の世襲という権力継承方法を見ながら、一番気にさわるのはチュチェ（主体）年号を使うようになったということです。これはとんでもない決定で、封建的な、過去の軍国主義時代の日本の天皇制みたいな考え方です、あれは共産党とは全然関係がない。あのような考え方をなぜ捨てないのだろうか。ここが問題です。

だからお父さんから受け継いだ遺産といいましょうか、これが問題ではないか。これを断ち切る。鄧小平さんがやったように「思想を変えよう」ができないのだな。そこから抜け出すことができないのが今の一番重要な問題ではないか。

朱 抜け出せないでいることは非常に苦しい。鄧小平と違うのは、北の場合、親子であることだ。金正日には本当に長期的な視野があるかどうか。それも現段階では見極めが難しい。でも両方の議論を聞いて私が感じたのは、今の先軍政治について、評価することはできないのですけれども、いろんな動きをあわせて考えれば、それ自体はおっしゃった方向に行く一つの中間段階になりはしないかということです。

今までどうして軍中心だったか。一つは統治のシステムであること。もう一つ外交上で見れば、それは恐らくこの一〇年において北が唯一外部から恐れられ、また敬意を表されるものなのです。これを除けば北はどうでもいいと外部で見られるでしょう。そういう文脈で北の「脅威」を考えれば「私はこういう力がある。あなたは私に一目置かないといけない」として外部の注意力を引くための意味もあるのです。なぜなら防衛面における軍事装備と技術では、米軍にはもちろん韓国にも対抗できない。唯一やれるのは、前進配備で攻めをもって守りとする、ということを軍に賭けるわけだ。しかし、このままではダメということもようやくわかってきたようです。

わかってきたのですけれども、では、「さあ、明日から心を改めて市場経済をやろう」ということも不可能です。ここ数年の動きでいえば、金正日さんは既にいろいろ試みていて、中国にも経済部門の幹部らを派遣して勉強はさせてきているのです。しかしおっしゃったように限界にぶつかっているのも事実です。あまりにも市場経済を知らないまま中国で勉強しても、帰ってきてほとんど役立たない。あるいはわかっていても、今の体制の中では何も動けない。そうするとやはり軍幹部を中心とするエリート層から徐々に内部改革を進める以外にない。それに私は期待を込めながら、その可能性はあると思う。

ただ、今後おっしゃった方向に持っていけるかどうか、それは難しい。やるには外部環境が必要です。恐らく米朝の合意、要するに安保上で取り決めができれば、平壌指導部は内部向けに、我々はアメリカとの長年の戦いをもって、このような安全保障上の公約をも勝ち取ったと宣伝するでしょう。金正日さんが金大中大統領と会ったときにも、南が白旗を振ってやってきたと言った。その言葉が真実を反映するかどうかはともかく、内部向けの説得論理です。いずれにしても「アメリカは五〇年間、我々を侵略しようとしていて、ついに失敗した」という形になれば、指導部は軍を本当に削減して、経済優先の方向に着手できるでしょう。

言いたいのは、北の内部改革はきわめて難しいことは間違いないが、もし米朝交渉が成功し、周辺国が一緒に支援したら、北の体制のソフト・ランディングにとって一つのプラス要因になることです。

伊豆見 白旗を掲げるべきは北朝鮮なんです。

多国間協議のシナリオ

小田川 そこでまた多国間協議の話になってきたわけですが、これから始める協議のシナリオというか、どういう構想を描いているのでしょうか、プロセスとして。

伊豆見 協議という言葉からかなり誤解を招くのかもしれないけれど、アメリカは別に北朝鮮と交渉する気があるわけじゃないし、協議する気もないですよ。核問題というのは北朝鮮が完全に核開発プログラムを放棄、解体することが大前提であって、そのあとに初めて協議交渉も可能かというのがアメリカの立場なのです。

だからそれを受け入れるしかないのです、北朝鮮は。それで受け入れられないのなら、もうこれはダメでしょう。

非常に厳しいと思わなければいけないのですが、どのくらい北朝鮮がそれを理解しているかどうかわかりません。

僕は今のブッシュ政権の考え方は、北朝鮮が核プログラムを完璧に放棄、解体するということがない限り、その先に進むというオプションは何にもないと思います。

康　クリントン政権は、過去の核はそのまま置いて未来の核だけ話したような格好になりました。しかし今度はそうではないでしょう。過去の核を全部含めてでしょう。それだけではなくて、もう一歩進んだ場合はミサイル問題があるし、さらにもう一歩進んだ場合は通常兵器の削減問題もある。

小田川　アメリカは今度、そうした問題を全部出すのでしょうか。

伊豆見　とりあえずは核だけです。

和田　あとは核の査察ですよね、結局。

伊豆見　いやいや、査察というよりも……。

和田　だって「核をやめた」と北朝鮮が口で言ったたって……。

小田川　検証しなきゃならないから。

和田　査察で調べたといっても、まだ「隠しているのではないか」となって、徹底的に調べさせろというと、ちょうどイラクと同じような状況になりますよ。それで途中でとまれば、「これはダメだ」ということになって、軍事的な圧力を加えるということになる。これは非常に厳しい状況ですよ。それに通常兵器の削減問題をつければ、最終的にはどこまでいくかわからない。

伊豆見　すぐ通常兵器にはいかないのですけれどね。

和田　うん。でも核だけでもね。

伊豆見　核だけでもきちんとやれば、通常兵力の問題は韓国に渡すという方法も可能性はあると思います。だから最初の問題は核なのですが、それは両方ですからね。プルトニウムとウラニウムと両方やらなければいけないし、査察の問題も技術的にはできると思います。

和田　当然隠していると考えると……。

伊豆見　要するに北朝鮮が決断すればいいのですけれど、それを決断したときにそれで丸裸になってしまったと本人たちが思うなら、もうどうしようもない。

和田　だからそれでどこまで調べれば一応いいかという問題がある。核は最初二発ぐらいつくったやつがどこかにゴロンと隠してあるのではないかということになると、それを探していくことになる……。

伊豆見 そこまでは必要ですね。

和田 これは大変ですよ。

伊豆見 だからこれを技術的にいうと、極めて短期間に、最初の六カ月ぐらいが非常に重要です。その間に何をしなければいけないかというと、もちろん最初に全部凍結の段階に戻すということですけれど、それは単なるスタート地点でしかないわけです。だから八〇〇〇本の使用済み核燃料棒をすぐ国外に搬出し、再処理施設をまず壊すことです。これをものごく短期間にまずやらなければいけない。その後、もちろん五メガワットの原子炉も廃棄する。さらに五〇メガワット、二〇〇メガワットとつくっているのを全部廃棄する。すなわち核関連施設はすべて北朝鮮からなくならなければいけない。

今のブッシュ政権の立場というのは、北朝鮮は原子力を平和利用することもあり得ない、許さない。どうしてかというと彼らはそれでだましたからです。だから原子力平和利用を認めておく限り、いつでも彼らは核兵器開発をするはずだから、そこをまず根絶させなければいけないということです。それともう一つ、高濃縮ウランについていうと、明らかに彼らは今パイロット・スケールではなくてプロダクション・スケールの段階に入っている。つまり遠心分離器を接続してカスケイドをつくっているはずだから、それを全部廃棄させる必要がある。

最初の六カ月から一年が非常に大事です。スピードをものすごく速めて進んだときは、「まだ怪しいところが残っているけど、それはじっくり時間をかけていけばいいか」という話になります。しかし、最初の半年か一年をグズグズやっている限りは、もう手の打ちようがない。

康 そこは違うところですね、クリントンさんのときと今は。

和田 いや、深刻です。非常に深刻です。

康 だから今からこの問題に対して相当厳しい情勢になるんじゃないかな。

李 具体的なメカニズムはイラク方式の国連主体となって、IAEAが査察となるのか……。

伊豆見 それはならないです。

李 NPTに戻るのか……。

伊豆見　戻らない。戻さない、アメリカは。

李　ＩＡＥＡのその枠組みにするのかというのは、まだはっきりしたことは見えないのですけれども……。

伊豆見　それはないですよ。アメリカの立場ではあり得ない。

李　そうするとこの査察のメカニズムをどういうふうな形にするのかというのは、前例がない話になると思いますので……。

康　それは、アメリカの場合はアメリカが決定していくということです。一カ国で、単独でもやると。

伊豆見　いや、一カ国だけではなくてアメリカが中心になって日本を交ぜてＩＡＥＡを交ぜるのも構わないけれど、ＩＡＥＡに任すとかＮＰＴに任すというのではないです。だから今回考えなければいけないのは、アメリカがＮＰＴにとどまらせることに対して一切努力をしなかったということですよ。「出ていくなら出ていけ」という話でしょう。それで出ていったら最後、戻すなんてことはないではないですか。出たり入ったりできるＮＰＴ体制というのは、それはＮＰＴ体制の崩壊だから。だから出ていくやつは出ていかせた上で、徹底的に彼らが……。

康　たたくと？

伊豆見　たたいちゃうというのではなくて、要するに北朝鮮には原子力の平和利用も許さない。

康　できない？

伊豆見　できないですよ。

康　そしたら今はＫＥＤＯも……。

伊豆見　それを認めなければいけない、受け入れなければいけないんです。

和田　ＫＥＤＯはどうなります？

伊豆見　ＫＥＤＯはそのまま生かすとして、軽水炉ではなく通常の発電所に切り換えるというのはあり得る。だから軽水炉はもうなくなります。無理です。

和田　通常とは、火力発電とかですか……。

伊豆見　そういうものに使うことはできるから、あれを別につぶす必要はない。

康　平和的利用というのもＮＰＴに加入しなければできないからね。

伊豆見　でも自分で出たんですから、出たやつは……。

康　もう平和利用もできないと？

伊豆見　できない。自分で平和利用の道も断ったというのがアメリカの受け止め方でしょう。

韓国における人権の問題

康　今まで米朝間の会談をやってくださいというのが韓国の願いだったから、これはもう、まず中国が入っても三者会談になって一応成り立ったから、韓国の立場ではもうオーケーでしょうね。ただ野党や国民のほうでは、何かまだ頭越しに朝鮮半島の問題を自分勝手に任せたかという責任論などが出ると思いますけれども、これはしようがないと思います。このまま当分の間、見なければ。そしてなるべく緊密にアメリカと協調するということではないでしょうか。

北の場合は、僕は南北会談はこれとは別にやると。それは日朝会談も別にやりたいでしょう。三者会談に入って多者間に行くのではなくて、これはこれで基本的に持っていきながら別々に。どうでしょう、南北間にはそれは可能だと思いますよ。韓国の場合は応じると思う。盧武鉉政権の場合は太陽政策の継続と言っていますから。日本はどうするんですか、それは。

小田川　その前に韓国が外れた問題……韓国側はそれで構いませんということですけれども、何かアメリカ、北朝鮮それぞれに「いま韓国はちょっと待て」ということで外させたということがあるんですか。

康　いや、今は韓国の要求はそれであるし、また北は、この核の問題で韓国まで入れてやりたくないのです。核の問題は、韓国の問題でもないし南北間の問題でもないし日本の問題でもないから、これは米朝間の問題だと決めつけていたから、そこへ口出しするなというのが北の態度ですから。それをそのままのみ込んだということではないですか。だからこの会談に対しては韓国側ではそのまま見るしかないでしょう。尹（永寛）外相の話は、韓国の意志が入っていない場合は何か文句をつけるというような話をしているが、それはできないと思います。完全にアメリカ中心に行くのではないですか。

李　韓国の新聞などメディアでは一応反発というか批判はあるようですけれども、でもどうなのでしょう。逆にイラク戦争の功名というか、戦争がもう目の前にあって、まだ次に緊張が高まるのではないかという大衆レベルの雰囲気の中で、今回とりあえず事態の悪化を回避する糸口となるわけです。韓国のマスコミの評価からいくとかえって実質成果論となる。

康　そうそう。

李　形式では韓国は入っていないから……。

康　けしからんと……。

李　韓国の通常の状況でこういうことにいきなりなったら、もっと強い批判になったかもしれない。しかし、対北政策を巡って韓国の中でも賛否両論に分かれているので、例えば今のこういう状況ではやむを得ないという論調が多いですね。

康　核の問題より、今この時点で韓国で問題になっているのは、人権の問題です。昨一六日に国連人権委員会で拉致問題の解決を求める決議を採択した際、なぜ韓国が退場したかということです。

これで、この政権に大きな圧力がかかると思います。この政権の基本的な性格がちょっとゆがめられるような格好になりますから。盧武鉉大統領の歩んだ道は民主化とか人権が中心ですね。民主化運動をしてきた。ところが、なぜ北に対してはこんなけしからん態度をとるか。北の人権の問題に世界が関心を持っているのに、同じ民族がなぜこのような対処をするのか。

僕の考えは、北との対話というのは、このような態度をとったら対話ができる、そうしなければできない、そんなのではないのです。北には北の立場があって対話にのぞむから、反対するときは反対して韓国の立場を正面に出してやっても、対話は続けますよ、今まで二十数年間の経験から見たら。だから対話の論理を、韓国は韓国なりの論理でいくし、北は北の論理でいくと、なかなかむずかしい。しかしこれが一致したときに初めて対話が成立します。だから、これを捨てたらダメですよ。

国連人権委での対応がなぜダメかというと、投票の権利を捨てた場合は国民の支持を受けることができない。これは国としての力がなくなる。力がなくなった場合は相手が認めてくれないのです、北側のほうで。力があって初めて交渉力も出ますから。自分の国民と北側の両方から袋叩きされるような格好になる。絶対的に人権の問題は重要な問題ですから、積極的に出ても、北との対話ではもちろん北としては気分が悪いという反発はあるでしょうけれども、そのために対話自体が崩れていくことはないと思うのに、なぜこんなことになったかわかりません。

日本の拉致問題と人権問題

小田川　その人権の関連でいうと、日本にはまさに拉致問題があるわけです。今回の多国間協議から日本も外されたわけですけれども、これは政府としてはいずれ入るということで時機を待つし、また三者で進めば、それはつまり対話による解決に進んでいくわけですからそれでいいのではないかということだと思います。問題は、せっかく平壌宣言を出して始まった日朝交渉が、この多国間協議との絡みでどういうふうになっていくのだろうかということです。

伊豆見　どういうふうになっていくのですかね。そういうふうにしなければいけないからといってできますか。

和田　できますけど。

小田川　日本政府としてどう動かしていくのか。何か手立て、考えはあると見ていいのですか。

伊豆見　日本政府には、今回のいわゆる多国間協議というものは「外された」という言い方は僕は間違いだと思います。今の段階では、日本は自ら降りているのです。降りているのは結構なので、そうなったときにもう一つ重要なのはやはり日朝がやることだろうと思います。日朝の中で少なくとも安全保障協議というのを立ち上げることが大事です。安全保障協議は核問題が中心になりますけれども、拉致問題も当然入れられます。北が応じるかどうかは別にして、拉致問題を入れるということが大事です。

小田川　拉致問題の一方で日本の植民地支配による歴史問題がある。二つの問題ともきちんとそれぞれ解決されなければならないと思います。日韓については六五年の日韓条約で一応決着はついた形になっているけれども、日朝の場合は今、国交正常化交渉が中断しているわけで、その中でやはり日朝の歴史問題があるわけです。そういう問題もきちんと踏まえて包括的に解決されなければならない。もちろん日朝平壌宣言では経済協力という形で決着をつけているのだけれども、今後の交渉の中では北はこの戦後補償というのは当然出してくると思う。それが結局、経済協力の枠を広げるわけで、だからその辺もやはり考えなければいけないです。

かつて国連人権委員会には韓国、それから北朝鮮のほうからも「日本は従軍慰安婦問題など戦後補償問題できちんとした対応をしていない」という問題提起が出た。既にもう一〇年も前です。ですから日朝国交問題を包括的に詰めていくときに歴史問題の扱い方というか処理の仕方というのは、非常に微妙だけれども重要な覚悟がいる問題だと思います。

和田　ただそういう問題は、一応のところは平壌宣言で枠をつくったわけですよね。戦後五〇年の村山首相談話を踏襲し、与えた損害と苦痛について反省・謝罪をする、そして経済協力で解決するということです。もちろん経済協力の中身、規模の問題は議論がありますが、今から補償の仕方というか個人補償の問題も含めて議論し直していくということはありそうもない。額の問題は基本的にほとんど政治決着の問題でしょうね。

いま伊豆見さんがおっしゃった点は、大きくいって北朝鮮の中にあるいろいろな問題点というものに対してどういうふうに考えていくかということです。それは日本としてみれば、北朝鮮が体制内改革をして、そして人間的な方向に少しずつ変わっていくというのをいかにして実現するかです。最終的にはそれは体制変革になりますが、しかしそれを一挙に今やるというとなると、拉致問題を解決するためには金正日体制を打倒しなければならないという議論になりますから、これはできないわけです。

だからやっぱり大きな目標としてそういうものを持ちながらも、それに向けてどういうふうに段取りをつけていって、そしてそのために自分たちがやる経済協力なるものをその中に生かしていくかという大きな戦略をもって進めるということだと思います。

そういう点からすると、やはり何といっても交渉は再開しなければならないわけです。しかし、拉致問題で引っ掛かってしまっている。要するに五人を北朝鮮は「帰せ」と言っているが、日本は「それはもちろん帰せない。五人の子供たちをこっちへよこせ」ということで、よこさなければ交渉は再開しないということになっていて、結局これで膠着《こうちゃく》しているわけです。

その膠着状況を破る手段として経済制裁をやれという意見が一方で出てきていますが、もう一方のほうでは、現状でとにかく固定して、無条件で交渉を再開する、五人の子供たちの問題は先に延ばして、五人は帰さないという状態で交渉を再開するのがいいのではないかという議論が出ています。ここはどこかでやはり決断して選択していかなければならない。

選択するに当たって国内の世論が許すかどうかという問題を政府は一番気にしていますが、ここのところはやはり政府が決断しなければならない。僕は今度の三者での話し合いが始まっていくとなれば、一つのタイミングであると思います。そこのところで決断して交渉を再開させないと、ずっと再開できないままで行ってしまう気がする。

再開できない状態になって、北朝鮮の側は日本についてどう出るかわからないように見えますが、アメリカと話したって経済協力なんて来るわけではない。経済協力は日本から来るしかないのだし、それは北が一番執着しているものだから、交渉を再開することは北朝鮮のほうも望んでいることだと思います。

よくわかりませんが、曽我ひとみさんのああいう切ない文章が発表された以上、あの方が一時的にでも平壌に行くというようなことも一つのきっかけかもしれないなと思います。

北朝鮮問題をどう解いていくか

小田川　三者協議をきっかけにして拉致問題のほうも動いていけば、そういうきっかけも与えられるかもしれませんね。

それで李鍾元先生、日本の場合は、日米同盟のあり方についてやはり基本的な提起がなされているような状況でして、イラクの場合はまだしも、今度は朝鮮半島に問題が移ってきた場合に日本政府も非常に微妙な立場、微妙な政治運営を強いられるのではないかと思うのです。今から先、多国間協議がうまく行けばいいですけれども、場面によってはまた緊迫する場面が出てくると思います。

そんな中で日本は被爆国でありながら、しかし核の問題に対しては非核地帯づくりについてもあまり積極的ではない。これには日米同盟による制約があると思います。一方で、北の脅威があるから有事法制だということで、今走り始めている。

つまり日本の平和に貢献する力というものが、相当蝕まれている面があるし、下手をすると戦前にUターンしてしまうような危険も私はあると思うのです。せっかく平和憲法を持ちながら、どうやってそれを食い止められるか。それから日本で割に平和活動としてのNGOも相当力を持ってきているわけですけれども、そういう一つの「平和力」といいますか、そういうものをテコにして北朝鮮問題をどう解いていくか。

李　大変難しい。今のお話を聞いて、恐らくこれはこれからもっと問題になってくると思うのですが、ブッシュ政権のアメリカ、最近はやりの言葉で言うと従来の覇権ではなくてある種の帝国化です。従来とは違う国際秩序を求めているのは明らかです。要するにアメリカは国連体制とかNPTとかというのに重きを置かない。その上に立つ別の秩序をつくる。その秩序はどの程度安定的なもので、どうなっていくのかというのは、客観的に見ると不安定な部分が多いです。

つまりアメリカというものはある種の公共財で、軍事的に世界の半分を占め、アメリカの決め方によって秩序が決められるという部分があると同時に、そのアメリカを引っ張っている政権は特定の政権な訳です。

要するにある意味では公共財なのだけれども、その中枢にあるのは、アメリカの政治システムは非常にスペシャル・インタレストが政権に強く反映されやすいような構造なのです。つまり長期戦略を安定的に考えて、特殊利害から離れた官僚機構が安定的な役割を果たすというのではなくて、どちらかというと政権を取り、それを企業に近い人が当面の政策をバッと変えたり。そういう不安定さがあるのが、世界とアメリカのつき合い方の、長年のある種の悩みなんです。ですからそういう意味では、アメリカというものは大きさで世界の半分で世界そのものでもあり、しかもアメリカという社会のあり方自体が非常に普遍的な価値に成り立っているものなのです。つまり私も住んでみて人種差別とかいろいろな個人的な批判はできるのですけれども、でもほかの社会に比べるといろいろな普遍的な民主主義、人権に基づいてつくられた国家なので、それが持つ特殊性がゆえにアメリカ自身も世界と自分を区別しづらくなり、世界から見てもアメリカがやってくることに対してロシアがやってくるのとは違う考え方を持ったり、そういう難しさがあるのがアメリカだと思うのです。

話がちょっと広がりましたけれども、帝国化する傾向とは、唯一の超大国になったがゆえに必然的に対抗物がないので世界と重なり合って、従来のバランス・オブ・パワーを前提としてつくられた世界秩序とは違うものを求めざるを得ない。それがブッシュ政権というスペシャル・インタレストを強く反映する政権によって、大枠で同じ方向でやっても、政策の対象地域の面でも政策手段の選択の面でも、非常に偏ったような展開となる。

それで全体の新たな秩序づくりが必要だということに緩やかに共感しながらも、例えば従来の国連システムも問題があるとか、NPTが穴だらけだというのは以前からもうずっと問題なのですが、それを超えてどのような秩序をつくるのかというのは、アメリカも必ずしもイメージ的に客観的にはまだ提示していない。とりあえずはアメリカが決めるのは大事なのだという、言ってみればそれだけのことです。

それをもっとも凝縮している言葉が「有志連合」なんです。「コアリッション・オブ・ザ・ウィリング（coalition of the willing）」で、争点ごとに組み変わるような、アメリカの特定の争点に賛同する国はアフガンをたたくときは一緒にたたいて、イラクをたたくときはまた別の国で、北朝鮮問題のときはまた別の有志連合ができてと、争点ごとの有志連合の組みかえが行われる。そのようにアジア戦略もアジアの同盟体制も組みかわろうとしている。

二年ほど前から（米シンクタンク、ランド研究所の）ランド報告書などでは、例えば日本、台湾、オーストラリアを入れたり韓国に入ってほしいとか、それである種の「コアリッション・オブ・ザ・ウィリング」と表現していましたけれども、恐らくアメリカがとりあえず提示しているシナリオはそういうものだと思います。そういうのが重なりながら、地域ごとに対応していく。だから彼らが中東と東アジアの対応が違うと言っているのも、たどっていけばそういうのが根幹にあるのです。

これは、アメリカにとってはそれがいいのかもしれませんが、周りから見るとある種の不安定さを伴う。何が客観的なルールなのか、ということです。それは例えばちょっと状況が違うのですが、端的に出てくるのはパキスタンはアフガンをたたくときには有志連合の重要な部分なのですけれども、今度イラクになり、そのあとになると、北に核を輸出していた張本人として批判ターゲットになるかもしれない。ですから今のアメリカのブッシュ政権の政策というのは、永遠の同盟国もなければ、帝国の時代の有志連合のもとでの同盟というのは、意味がかなり流動的になる。これはですから古いイメージでいうと非常に合従連衡的です。アメリカは恐らくそうは言わないんだろうと思うのですけれど、今のところはそれしか出てこない。

となると、これはやはりもちろんアメリカの体現している普遍的な価値を緩やかに共有しているのが一つの範囲にはなりますが、その上において、過渡期的に少なくとも安定的なさまざまな構造を考えざるを得ないというのが、ちょっと抽象的な表現ですけれども、日本にとっても課題だと思います。本当にアメリカに協力してどこまで面倒を見てもらえるのかとか、乱暴な言い方で恐縮ですけれど、必ずしもはっきりしないところがあるということだろうと思います。

そういう観点から見ると、日本と北東アジアとの関係、あるいは唯一、地域の安定的な枠組みがない北東アジアにどのような構造をつくるのか。その中の重要な部分というのは、北朝鮮という政治体制について、恐らくアメリカが別の意味で言っているレジーム・チェンジ（体制転換）はいずれ必要だと僕は思います。どの段階でどういうプロセスを経たものになるにせよ、すべての問題は、人権であれ核であれミサイルであれ、やはり最終的にはレジーム・チェンジなのです。

ある国に対して不信感を抱いている場合には、その国をどんなに査察をしたりどんなに検証しても、心の奥までは検証できませんし、研究室のどこかの小さいレベルの開発まで検証するというのは、事実上の占領でもしていない限りは非常に技術的に難しいとなると、基本的にやはり信頼できる政権ができるという意味でのレジーム・チェンジが必要だと思うのです。それがどの経緯を経て、どのタイム・スパンで、あるいは入り口、または出口で考えるのか、いろいろな条件があると思うのです。そういうふうに北東アジアの新しい秩序構築のためには北朝鮮の広い意味でのレジーム・チェンジが必要である。これは共通の課題だと思うのですが、これに日本がどうかかわるのか。抽象的な表現にならざるを得ないのですが、そういうことだと思います。

そういう意味ではちょっと乱暴な比較ですけれども、日韓の国交正常化のとき、当時の雰囲気などを考えると、韓国では過去の清算という、どちらかというと歴史問題が議論の中心だとなっていた。過去をどう片づけるのかという話であり、そのあとの現在と未来については、どちらかというと暗いとらえられ方をしていたのです。要するに日本は冷戦体制に与《くみ》するのではないかとか、独裁政権への支援だとか、そのようなとらえ方しかできなかった不幸な部分があるのです。

しかし私は、今度は逆に日朝関係というものは、北朝鮮の変化をどのように誘導するのかというビジョンまで取り入れて考えることで、単に過去を清算するだけでなく、また現在の懸案を解決するだけのものでもなく、ある意味では未来につながるような取り組みを期待したい。北朝鮮という存在をどのように変えていくのか、変えていくことで北東アジアの秩序をどうつくるのかということに対して、日本がさまざまな課題を抱えながらも、方法論も含めてどのようなビジョンとか道筋を提示できるのかが迫られている。

アメリカはアメリカなりの観点から道筋を提示しているのだと思います。アメリカの最大の関心である核あるいはミサイル、当面はやはり核ですけれども、それを取り除くための強硬策を含めて、それはアメリカの視点からの具体的な方法論であり、それなりの世界秩序のビジョンであるのです。

そうなのですが、それは関係国にどうつながるのか。その中でも韓国は恐らく自分の位置する朝鮮半島の南北関係について半分は国内問題的に民族問題というふうに考えていますので、客観的に見ると、ナショナリスティックな範囲の中でのとらえ方とか道筋とかも定義してきた。それが外側から見ると、最近日本では「韓国はあまりにも親北的ではないか」とか「北を愛してやまない韓国」とかいう表現もどこか雑誌にありましたけども、それは恐らく韓国は朝鮮半島、北朝鮮の問題を、最近ちょっと開けてきたとはいえ民族内部の問題というとらえ方でとらえているということで、仕方ない部分と課題である部分の両方だと思うのです。

その比喩でいうと、日本は二国間だけではなくて、あるいは以前の歴史の回復、歴史の清算という問題だけではなくて、それぞれ地域の大国としてこの地域にどのような秩序をもたらして、その秩序をもたらすために北という異質なものをどのように解かしていくのか、変化させていくのかということを、アメリカにも当然影響されると思うのですけれども、日本自らがどのような道筋とビジョンを提示するのか、それはどのような価値に基づいたものなのか。

遠くから見ると、日本がやることはそのような基準から判断されるし、見られるのだと思います。五〇年後とかを考えると、日本がこの時期にどういう選択をしたのかというのは、そういう基準から見られるのではないでしょうか。

ですから私は、やはりそういうところをもう少し考えて、国内的には日朝で非常に難しい点だろうと思うのですけれども、そういう視点はやっぱり入れてほしい。大国としてどういう見識を示すのか。もし日本がこの地域の秩序のためにやはりトマホークも導入して武装を固めて変えざるを得ない、相手が非常に緊急対応が必要な人権抑圧国家でありテロリスト国家で、それを変えるためにはアメリカ的な圧力をかなり取り入れた手法しかないということが、本当に日本が総合的に考えた判断であれば、それも可能でしょう。

しかし、それは歴史的に検証されるでしょうし、地域的に検証されると思います。本当にそれが正しい方法かどうかもわからない場合もあるのです。歴史というのは短いスパンではわかりませんので。でも今現在の状況が非常に複雑だというふうに考えると、アメリカ的な、非常に外科手術的な、遠くから自らの関心だけで見たクリアカットなアプローチとは違うものが必要ではないでしょうか。

最後にもう一点。私は今回、米朝関係、日朝関係を見ながら、日朝交渉そのものは、例えば何らかの国際政治的なきっかけとか、あるいは米朝が進むとついていかなければならない部分があるかもしれませんし、政府間の接触がある種の政治的なダイナミクスで始まり、それが一定の成果をもたらす可能性も否定できないと思います。

今回イラクとの比較で見ると、日本では朝鮮半島、特に北朝鮮を見るまなざしというか認識というのが拉致事件以後、非常に硬直化している。そういう意味では、本来ならアフガンとかイラクに対しては体制と民衆を区別したり、悪いのは体制であり指導者で、民衆等そこに住んでいる人々とは本当は敵でもなく、支援すべき存在だというとらえ方が一般的だった。日本の市民団体とかも、アフガンには爆撃の中でも一生懸命救援物資を持って入り込んだ人もいますし、イラクにも「人間の盾」に参加した人たちがいた。

もちろんNGOとして今、北朝鮮に対していろいろな救援活動をしている人もいるのですけれども、やはり社会一般で見ると、北朝鮮に対しては体制と民衆をそれほど区別しないような状況が、不幸にも拉致をきっかけにして生まれて、そうすると政府の思惑で動かそうとしてもなかなか動かないのです。

あるいは何かの政治的な力学で国交が万が一結ばれたとしても、そこからが大変なような気もします。やはり和解のプロセスを考えると、月並みな言い方ですけれども、拉致問題を含めてこういうものを生み出した体制をどのように見るのかという姿勢が重要です。それは必ずしも過去の歴史の溝を埋めるだけではなくて普遍的な人権問題を考えることにもなるのです。

人権の甚だしい弾圧を憤ったり非難したりするのは人権問題に対する取り組みの一つであると同時に、もう一つ、それを生み出した体制、生み出した状況をどう見るのかということと隣り合わせた問題だと思うのです。それも含めて、日本との歴史のねじれが入っている朝鮮半島の、いまは北朝鮮に対して、日本が社会のレベルで、かわいそうな民衆、しかし体制とは違うのだけれどもかなり主体思想を教え込まれて、マインドコントロールされているあの民衆と、どういう和解のプロセスを持つのか、これは本当に日本の市民社会の見識とか能力を問われる問題だとも思うのです。これは韓国も努力すべき問題だと思うのですけれども、私は韓国出身者として、北とどう和解し、韓国が北と日本をどう橋渡しするのかというのも韓国の市民社会が相当いろいろやらなければならない問題だなという感じもします。

極めて重要な日本の役割

小田川　今伺っていて、日本としてはやっぱり平和憲法を持っている国として、そして北の市民ともつながっていけるような行動を、やはり今から市民レベルでとっていく必要があるなと思いました。現に食糧支援を続けているグループもありますし。そういうアプローチが求められるときだなと思った次第です。

朱　日本の役割は極めて重要だということを、周りの国はみんなわかっています。しかし今、問題は日本側と北側の両方にあると思います。

日本の中では当然、拉致問題の解決なしには何もできない。少なくとも今、そのような雰囲気、認識がもうほぼ固まったわけです。しかし五人の家族の帰国問題は、もともと北は同意するつもりだったし、今後もカードとして出す可能性はなくはないと思うのです。問題は北がまた別の懸念を抱いていることです。つまりこのあと日本は更に三〇人、八〇人と追加調査のリストを出してくることです。

北が本当に欲しいのは経済支援ですけれども、追加調査のリストをつきつけられれば、金にはいつまでたっても手が届かないと北は判断するでしょう。そうすると、対日交渉の持続に意味がないと当面はあきらめているようです。それで打開はもっと難しくなります。日本は平壌に「期待」を持たせるような外交的テクニックを使えないでしょうか。

第二は、金正日総書記としては相当思い切って日本側に譲歩したと一定の評価をすべきです。冷静に客観的に見れば、敗戦国でない限り、このように拉致も認め、不審船のことも責任を認めるということはないはずです。しかし、結果として国交正常化や経済協力は何一つ進展せず、彼としてはメンツが相当つぶされたと感じているでしょう。

最近およそ一〇年の流れで見れば、北が日本に対して真剣に期待をかけてくるのは、やはり一〇年に一度ぐらい。前回は九〇年の金丸信訪朝団の訪朝で中央突破しようとして国交正常化交渉のトビラを開けたが、日本は最終的に応じようとしなかった。そこで対米中心の外交に再びゆれ戻した。

去年秋の動きから見て、平壌は再度日本と交渉しようと決意した。アメリカとの交渉はなかなか実現しないし、お金も来ないわけですから。そこで日本に再度賭けをした。

最近の動きで見ると、北はもう日本に対して心は冷めたと私は理解しています。これからはどうせいくらやっても日本からお金は来ないから、だったら今までどおりにアメリカとやろうと方針転換した。

ですから多国間協議に向かう次の段階で「韓国は入っていいよ。ロシアも入っていい。いや、日本はダメ」という切り崩しがありうる。日朝関係の打開ができなければそれが多国間協議の場にも悪い影響を与えるのではないかということをちょっと感じています。

小田川　関係国がみんな互いに知恵を絞り合わなければいけないという、今からはそういう段階にきたということだと思います。本日は大変ありがとうございました。

六者協議の意義と展望

二〇〇三年八月二七—二九日、北朝鮮の核問題をめぐる韓国、北朝鮮、米国、日本、中国、ロシアによる六者協議が北京で開かれた。歴史的な多国間協議の意義や今後の展望を引き続き専門家に聞き、紙上座談会の形で紹介する。

小田川　まず康仁徳先生、当事者としてこの六者協議をどう評価しますか。

康　今回の六者協議は、朝鮮戦争後の一九五四年に南北朝鮮と米英仏など国連軍派遣一五カ国（南アは不参加）、およびソ連、中共の計一九カ国が参加してジュネーブで開かれた朝鮮問題に関する政治会談以来、初めての多者会談です。事実上、朝鮮半島分断に一定の責任を持つ国家、また朝鮮戦争の主要参戦国の代表が一堂に会した会談でした。その意味から六者で朝鮮半島の平和と統一問題を真剣に論議すれば、必ずよい結果をもたらすと思います。もちろん、北朝鮮と米国は厳しい対決状態にあるので、紆余曲折はあるでしょうが、中国とロシアが朝鮮半島の非核化を願っている以上、会談を続けて合意を引き出すことができると期待しています。そして、この六者協議が「東北アジア安保協議体」に発展してほしいものです。

小田川　今回の協議実現には中国の積極的な動きが際立っていました。

朱　三つの要因が考えられます。第一に中国では二〇二〇年までの経済規模四倍増計画が策定されていますが、その実現のためにこれまで以上に国際環境の安定と周辺地域の不安定要因の除去を重視せざるをえなくなっています。第二は高成長の持続に裏打ちされた外交上の自信です。中国では近年、「責任ある大国の外交」に関する議論が高まり、国際問題で「人類共通の価値観」「世界の大勢」に従って行動すべきだという声が大きくなっています。北朝鮮の核問題で態度をはっきりさせなければ「責任ある大国としては失格だ」という内部批判も表れました。米国でも、中国が北朝鮮の核問題でイニシアチブをとったのは「北京初の責任大国の外交の試みだ」と評価されています。

三番目に米国の軍事的介入への警戒感です。北朝鮮の核開発を放置すると、日本や台湾など地域内の核開発競争を誘発しかねないと懸念されるだけでなく、米朝間で軍事的緊張が高まる場合、米軍の前進配備が台湾もその傘下に収めて、事実上の対中軍事包囲網が形成されることを心配し、米軍の北東アジアシフトの阻止へ先手を打つという計算がありました。

最近、香港でスクープされた中国政府のある内部文書は、北京の姿勢を転換させた、次のような情勢判断を紹介しています。即ち、北朝鮮の核問題は二つの危険な方向に向かっており、一つは軍事衝突ないしは戦争にエスカレートする可能性、もう一つは北朝鮮が最終的に核保有国になること。いずれのシナリオも「中国の国益に重大な影響を与え、安全保障の脅威となる」と。従って中国は、関係各方面の直接交渉を促進し、事態がこうした可能性へ変化することを阻止すべきだという結論に至ったというのです。

小田川　ロシアの立場についてはいかがでしょうか。

和田　ロシアが入って六者会談になったのは、あるべき姿だと思います。米日韓は、朝中の三者会談に韓国、日本を加えて五者会談にしてほしいと主張してきましたが、ロシアが加わって六者会談が開かれるとロシアが発表したわけです。米国も「ロシアを入れるのもいい」と表明していたから、すべて舞台裏の交渉があったのでしょう。北朝鮮が六者会談開催を正式に発表したのもよかった。さながら米朝二者会談が三者会談となり、米国が五者会談を主張すると、北朝鮮が六者会談を提案して決着したように見える。ロシアも重要な役割を演じる東北アジアの欠かせないプレーヤーであることは明らかです。

小田川　協議の内容ですが、伊豆見先生、米国はイラク戦争後の情勢と絡んで、対北朝鮮政策で変化しているように見えます。

伊豆見　米国は六者協議で、明らかに北朝鮮に対する姿勢を軟化させました。のちに米政府高官が「トーンと内容」の双方において変化したことを認めているほどです。例えば、「三つのNO」を示したことが挙げられるでしょう。つまり米国は(一)北朝鮮に脅威を与えない、(二)北朝鮮を侵略する意図も攻撃する意図も持たない、(三)北朝鮮の「体制変革」(regime change)を求める意図を持たない――と北朝鮮に伝えました。また米国は、北朝鮮が核兵器の解体に踏み切る際は、その解体作業に財政的・技術的支援をおこなうことを検討し得るとも伝えたようです。

こうした変化は、基本的にイラク情勢に対する厳しい評価が背景にある。イラク戦争後の政権移行がうまく進まないため、米軍の駐留が長引くかもしれない。現地ではテロなどの被害者がどんどんふえている。当面、イラクにかかりきりになることが見えてきて、この上、もう一つの大きな問題をつくることはできないということです。

ただ、米政権内部ではつねに強硬派と、寛容派というか交渉派、柔軟派が対立していて、今回は寛容派が勝ったという見方がありますが、私は少し違う感じです。それは、イラク情勢悪化のためにいま、圧倒的な力を持つ強硬派というかネオコンの人たちが口を閉じている。聞こえてくるのは、パウエル国務長官ら寛容派の声だけで、その声を少しずつだが、ブッシュが聞いている、承認しているという状況です。重要なのは、米国が北朝鮮に対する「安全の保証」を文書化するという話は十月のAPEC首脳会合の時に初めて出てきたが、新しいアイデアではない。実は八月の六者協議の前にも柔軟派の人たちが出していたが、ブッシュはきかなかった。しかし、イラク情勢が全然好転しないので、聞き入れたということです。米国がこんなに柔軟な姿勢に転じたのは驚きです。

小田川　李鍾元先生、米国は「安全の保証」問題でどんな着地を考えているのでしょうか。

李　さまざまな案が、憶測もまじえていわれていますが、よく分かりません。分かりずらい原因の一つに、ブッシュ政権内部の意見対立が激しく、本当に最終的な提案としてまとまるのか、疑問がもたれている状況があります。国務省内の穏健派や議会の共和党指導者の中には、大統領の保証文書に対して議会が承認するなどの積極的な案に対する支持もあります。が、米国単独の保証方式には反対が強く、結局、六者協議の中で六カ国の共同決議といった形に米国が加わるという形式になる可能性が高いと思います。

しかし、問題は北朝鮮の核問題の進展、解決の過程で、最終的には米朝国交正常化が課題として浮上するわけで、それをどの段階で、どんな形で明示するのか、あるいはしないのか、ということです。「安全の保証」はいわば交渉の入り口に過ぎず、最終的には米朝関係正常化が「体制安全の保証」になるからです。

小田川　肝心の北朝鮮の立場や思惑はどうでしょうか。

康　北朝鮮は多分、中国とロシアの直接的な圧力でしぶしぶ六者会談に参加したのだと思いますが、参加するからには、それなりの成果を期待したでしょう。まず米国の対北朝鮮敵対政策を暴露し、韓日米の共助にくさびを差すこと、具体的には核施設の凍結解除など、この間とった強硬な態度の正当性を強調し、今後米国がとろうとする対北朝鮮圧力——国連安保理への上程、本格的制裁措置、PSI（拡散防止構想）などの不当性をクローズアップしながら、中国、ロシアまたは韓国の同調を得て、対米けん制力を強めることです。平和解決の道をふさぐのは自分たちでなく米国だと決めつける場として六者会談を利用した。そんな意味で北朝鮮は会談で一定の成果があったと判断する可能性もあります。核問題は無論、避けて通ることのできない問題ですが、今後、それ以外の懸案——ミサイル、通常兵器、人権問題などに対しては中国とロシアの支持を獲得できるという長期的判断もあって会談に参加したと考えます。

小田川　北朝鮮が時間稼ぎをしながら、核保有してしまう恐れが指摘されていますが、李先生、これについてはどう見られますか。

李　六者協議は初回の議長要約がいっているように、「事態悪化の防止」をかなめとする「緊急避難的な枠組み」の性格が強いといえます。つまり、北朝鮮が核保有宣言や核実験のような「追加行動」をとらないように制約を加え、その反面、米国も北朝鮮を圧迫する軍事行動や経済制裁、また国連の制裁決議などの行動をとりにくくするという構図になっています。しかしこの間、北朝鮮に対する査察の中断状況が続き、核開発に対する監視体制はなんら存在しません。その間に北朝鮮が主張するように使用済み燃料棒の再処理を進め、プルトニウムを抽出し、核兵器製造に踏み切る可能性は現実に存在します。

その意味で、北朝鮮にとって六者協議は必ずしも不利なものではありません。北朝鮮は六者協議の継続に同意する代わりに、懸案であった中国からの経済支援の継続を、先般の呉邦国全人代委員長の訪朝の際に取り付けたのです。六者協議は短期間に具体的な進展を見せなければ、北朝鮮の核能力の強化をもたらす危惧があります。ここで「強化」という理由は、米政府も公式に認めているように、北朝鮮はすでに一―二個の核兵器を持っていると思われるからです。

問題は、そもそも北朝鮮に核能力の「強化」をもたらした直接の契機がブッシュ政権の強硬政策、とりわけ昨年一二月の重油供給停止にあるという事実です。北朝鮮は米朝枠組み合意の事実上の破棄だと反発し、その対抗措置として査察官の追放、NPT脱退、枠組み合意で「凍結」された核施設の稼動再開、使用済み燃料棒の再処理、プルトニウムの抽出と「用途変更」、即ち軍事的用途への使用などを進めてきました。六者協議はこうした流れを阻止すべく、最低限の枠組みをつくり、できるだけ早期に査察を再開する必要があります。

小田川　来年秋の米大統領選と絡んで、六者協議の今後の展開は?

伊豆見　イラク情勢が好転するまでは強硬派は黙りつづけるでしょう。その間は交渉のモメンタム(弾み)は存在し続ける。大統領選との絡みでいえば、北朝鮮問題が進展してもブッシュへの支持率にはあまり関係ないでしょう。しかし、逆に問題が悪化した場合、ブッシュ再選にマイナスに働く。北朝鮮が「瀬戸際政策」のレベルを上げていけば、民主党に責められて、ブッシュ再選の足を引っ張るでしょう。

来年二月以降、予備選が始まり、三月二日のスーパー・チューズデイを経て民主党候補が一本化して共和党対民主党の一騎打ちの段階となるが、そのとき北朝鮮問題が悪化すれば、ブッシュには確実にマイナス。そうすると、さすがに強硬派は黙っていないでしょう。だから、北朝鮮が穏便にすましたかったら、大統領選まで待つ。北朝鮮として、うまくいけばブッシュが落ちるかもしれないと思うのなら、ここでブッシュを脅さないことが得策です。いまのところ、北朝鮮がブッシュを脅さずに、事態が小康状態で推移する可能性は五〇%くらいあります。

もし北朝鮮が脅しをかければ、米国は六者協議はやめるとは正式にいわなくても、安保理にかけるのは確実です。中ロとも六者協議がうまくいかないということで、北朝鮮に相当厳しくなるでしょう。北朝鮮問題が安保理に上程されれば、議長声明が出て非難決議も出るという状況になるでしょう。

小田川　中国は六者協議の成功へ相当な決意で臨んでいるように見えます。

朱　中国は六者協議で、米朝交渉の内容に妥協案を出したり、米朝の合意を多国間で保証することを提案したりするといった行動に出ることも示唆されています。北朝鮮の経済は悪化の一途で難民がさらに中国に押し寄せてくる可能性もある。ピョンヤンは立場が弱いときほど強硬外交をする特徴があり、それが米国との対立を一段と複雑化させ、中国も軍事的緊張に巻き込む恐れがあると警戒しているからです。

北京首脳部では、初回の六者協議で北朝鮮代表団が中国の顔をつぶすような言動をとったことに批判が噴出しています。中国は初回の協議が終わった直後、北朝鮮に重要なメッセージを送りました。まず、「北朝鮮の核問題でどんな展開があるにせよ、中国は再び義勇軍を派遣しない」というメッセージです（八月二〇日付香港紙「成報」のスクープ）。もう一つは、中国軍が北朝鮮との国境に大挙移動したとの報道。中国外交部報道官は九月中旬、一五万人にのぼる解放軍の国境配備という報道を否定しましたが、これまで武装警察しか配備されなかった中朝国境が、解放軍の管理下に移されたことを認めました。北朝鮮とはもはや特殊な友好国ではなく、普通の国家関係にあるというメッセージを送ったと見ることができるでしょう。

小田川　康先生、今後の協議で韓国はどう対応すべきでしょうか。

康　一番重要なのは、北朝鮮の核開発はどこよりも韓国に対して脅威が増大するという認識を持つことです。南北間には平和共存が定着していない、冷戦的な対決が続いているにもかかわらず、北朝鮮は「民族共助」を主張している。平和共存もできないのに、なぜそれが可能だというのか。韓国政府は、北朝鮮核問題の当事者として行動しなければならない。仲介役の立場ではないのです。

もう一つは金正日委員長が「権力の源泉」だといっている北朝鮮の軍事力に対応しなければならない。そのため韓国は米韓同盟を基軸にしてアメとムチを有効に使わなければなりません。もちろん、人道支援と経済協力は必要だが、情勢に沿って調整すべきです。

小田川　日朝間で膠着状態の拉致問題に解決の妙案はありませんか。

和田　日朝国交交渉の再開は、安倍（晋三自民党幹事長）方式は失敗しています。拉致被害者五人の家族を返さなければ交渉は再開しないという方式を改めて、五人は帰さないが、家族のことは話し合おうということで交渉を再開しなければ、六者会談を助けられない。日本は六者会談で拉致問題を議論してもらい、問題解決を助けてもらいたいという甘えた態度を捨てて、自分で問題を解決することによって六者会談を助けるという立場に立たねばならないのです。国交交渉再開と妥結への前進は日本が持つカギです。六者会談を拒絶したら北朝鮮は生き残るのはむずかしい。しかし、北朝鮮の不安を抑えるためには、六者会談と六者会談の間に米朝接触と日朝国交交渉をはさんでいくサンドイッチ方式をとるべきです。

伊豆見　拉致問題を進展させるには、北朝鮮側に「進展が得だ」と思わせるか、あるいは「進展させないと決定的に損をする」と思わせるかのどちらかしかない。経済制裁の発動は後者を意味するでしょう。もっとも、核問題が解決していない現況の下では、たとえ拉致問題の進展を図って経済制裁を課しても、北朝鮮は肯定的に応じてこないと思います。北朝鮮の立場からすると、拉致問題を進展させても、核問題が解決しない限り日本の経済制裁は継続するだろうと見る可能性が高いからです。

結局、核問題をめぐる六カ国協議が続いている間は、まず核問題の解決を図ることに努力するとともに、日朝国交正常化交渉を再開し、その中で北朝鮮に拉致問題の解決を促していくことが重要です。そうした過程を通じて、「拉致問題を進展させることが得だ」と北朝鮮に確信させることです。そのためには、北朝鮮が核兵器を解体・廃棄し、拉致問題も解決して日本を脅かさない国に生まれ変わるのであれば、エネルギー支援もするし、さらには関係正常化も実現し大規模な経済支援も行うことを確約することが緊要です。生まれ変われば得をすることが分かれば、北朝鮮も真剣にその選択肢を考慮することになるでしょう。

論考

日本の進路、韓国の立場

大木英夫
小此木政夫
遠藤哲也
曺敏

日本国憲法所見

——最近の内外情勢との関連で——

大木英夫

Ⅰ　国家的存在と行動の基準

日本の国家的存在と行動の基準は、日本国憲法第十章の最高法規の規定第九十七条基本的人権の本質、第九十八条憲法の最高法規性、条約・国際法規の遵守、第九十九条憲法尊重擁護義務を見れば、誰にも明白であります。第九十七条には、基本的人権が「人類の多年にわたる自由獲得の努力の成果」であることが記されてあります。わたしは、一九五七〜一九六〇年ニューヨークに留学し、この背景を知りたいと願い、ラインホールド・ニーバーの指導のもとで、その「自由獲得の努力」の歴史を研究し、学位論文にまとめました。わたしは社会倫理学の分野の者ですが、日本の法律関係者でこのような歴史的研究が十分なされていない、またそのような研究が十分に生かされていないことに不満を感じています。また、政治や外交の担当者が、第九十八条や第九十九条の規定に背く言動をほしいままにしていることに、不安を覚えてまいりました。そこで、一社会倫理学者として、また一市民として、あえて憲法に関する所見を述べたいと思います。

第一に、第九十七条についてでありますが、この理解は近代デモクラシーの発生過程の研究を必要とします。参考書として二つの書を挙げておきたいと思います。ひとつはウッドハウス編集の*Puritanism and Liberty*であります。そこに含まれているパトニー討論は聖学院大学総合研究所の大澤麦助教授によって翻訳され、『デモクラシーにおける討論の生誕』として聖学院大学出版会から出版されています。その原書に序文を書いたのはリンゼイですが、彼自身の著書（永岡薫訳）『民主主義の本質』（未來社）も付け加えておきたいと思います。もうひとつは、比較的最近のものですが、梅津順一教授によって翻訳されたスキナーの『自由主義に先立つ自由』であります。これも聖学院大学出版会から出ております。自由獲得の努力を知るには、近代自由主義にただ時間的に先立つだけでなく、その精神的にその深みにおいて理解することが必要であります。リンゼイは、このデモクラシーを、第二次大戦後、当時のソ連や東欧、そしてアジアにおいても言われた「人民民主主義」から区別して理解すべきことが必要だと考えました。そのあたりが、今日日本の知的社会においても依然として不分明なままであります。

近代デモクラシーを運営するためには、デモクラシーの歴史的成立と性格を捉えることのできる知識をもっていなければなりません。しかし、それを日本の今日の政治家や官僚に期待することはできない、それが根本的問題であります。

第二に、第九十八条と第九十九条でありますが、日本国家は、内政においても外交においても、この最高法規としての日本国憲法の基準から逸脱してはならないということであります。なぜこれほど厳しく規定するのか、それはあの敗戦の事情経過を考えなければ理解できないと思います。戦争前から敗戦までの日本を振り返れば、日本の新生にはこのような憲法的枠付けを必要としたのであります。というのは、日本社会にはデモクラシーの素地がなかったからです。自発的にデモクラシーになることは、日本ではできなかったからであります。今のイラクと同じです。或る人はこれを「押しつけ憲法」と言いますが、それはたしかに「強いて与えられた恵みの賜物」（ドイツ語の「賜物」は「ガーベ」であり、そして戦後の日本にとってそれは――ことば遊びのようですが――「アウフガーベ」(課題)となったのでありま す。日本は、この課題つまり日本国憲法の理想を内政と外交において実現すべく国民的な努力が課せられているのであ ります。しかし、その課題は、国民が果たすというよりは、むしろ――国民主権の理論をもってすれば――国民が国家 に課した役割、つまり国家がそれを国民に対して果たさなければならない責任をもつということであります。たとえ ば、それは、第二十五条の「国は、すべての生活部面について、社会福祉、社会保障及び公衆衛生の向上及び増進に努 めなければならない」という規定を巡る有名な「朝日」裁判にも出ているところであります。

このことは、国家理解におけるいわばコペルニクス的転回を要求します。しかし、それが日本にできていない、だか ら依然として「お上」の支配、「中央」の支配という体制が残っているのです。だから、今日憲法改正という議論が憲 法を守らない政治家や官僚から出てくるのはむしろ大きな問題であって、国民は、それを抑えることによって、まさに 前文の国民主権の原理を守ることが必要となるのであります。

II 日本の国際的位置と地位

日本国の地理上の位置は明らかであります。しかし、日本の国際的位置を決定するのは日本国憲法であります。二つ のことを指摘しておきたいと思います。

(1) 第一は、日本国憲法によって日本は「東洋のスイス」になるという理想を守ることであります。敗戦後占領軍 の総司令官マッカーサーは、日本を「東洋のスイス」にするという理想をしきりに語っていました。そのような国とし て前文に言われる「国際社会において名誉ある地位」を獲得するということがよい、そして思うに、これが暗黙裡に戦後の国民の決意となったと言ってよいのであります。その意味では、「押しつけられた」という右傾した政治家の言い方は、むしろ国民が「受け入れた」と言い直すべきでありましょう。

スイスが国際的に名誉ある地位を獲得したのは、決して経済力によるものと言えません。それはスイスの国家理想がまわりの国々に承認され、尊敬を受けることができたからです。たしかにスイスは国民皆兵で、しっかりした軍備をもっています。しかし、専守防衛を守っているのです。日本は、敗戦後から五十有余年を、もしその戦争責任の反省を明確にし、憲法の理念をもって新しい日本を「東洋のスイス」となるという行き方を固持し、それを内外にはっきりと提示してきたならば、まさにそのような国際的地位を確保できたに違いないと思います。しかし、そのことを明確にして国民を導くような政治指導者が出なかった、そしてそのような国家形成の理念を掲げるよりも、池田元首相がその典型であるような目先の経済復興という現実問題に専念する官僚出の政治技術者が登場したのであります。もちろん経済復興は重要な課題でした。しかし、それ以上に戦後日本の国家形成の理念をもって鮮明に掲げるべきであったのです。自民党政治はそうしなかった。その結果国としてのイメージが内外に曖昧なものとなってしまったのであります。

その中で、とくに中曽根元首相の政治は、自民党の誤った指導の典型でした。彼の誤りとは、幸運にも経済成長絶頂期の自民党総裁として、どのようなおくれ馳せのアジアの国々でもできる経済成長を、自民党の政治の成果としてだまし取り、それを国威宣揚的日本主義復興へと利用したことであります。その傲慢は、戦前の日本的傲慢に対する外国のいまだに残る不快感をあらたに誘発するだけで、日本の国際的地位の向上のためには有害無益であります。その罪は過去「失われた十年」の罰となり、しかも最近は中国の経済成長によって追い抜かれるのではないかと戦々恐々とし出すのであります。中国は、自民党とは比較を絶する強大な一党独裁であり、自民党よりも有効に経済復興を達成してきました。それだけではない、中国共産党は自民党とは異なり、人民解放軍という強力な軍事勢力に支持されています。しかし、中国の道にも先行き困難が待っているに違いありません。あの天安門事件が世界に与えた衝撃は、決してぬぐい去られるものではありません。デモクラタイゼーションが惹き起こす内部矛盾は、第二、第三の天安門事件を誘発しかねないのではないでしょうか。外的には、中国の軍備に絡んだ宇宙開発の努力は、すでにソ連崩壊によって実証されたような経済的ジレンマに捲き込まれて行くかも知れません。

人民解放軍支配の国家と、日本はどう対応すべきでしょうか。憲法改正して再軍備で対抗するのでしょうか。そうではなくて、日本国憲法によって立つ新しい日本の建設への使命感をもつこと、そしてそこに顕著な違いを世界に提示することではないでしょうか。中曽根氏は、憲法を改正して、日本をどこにもって行こうと考えているのでしょうか。日本国憲法によって立つ新しい日本の行き方は、二十世紀の二つの世界大戦後の歴史を独自路線への転轍するところに意味があるのです。この転轍をきちんとすることが大切で、中途半端にすると、列車は脱線します。日本国憲法を基準としない政治行為から出てくるのが、近隣諸国のいわゆる「歴史問題」であります。小泉首相の靖国参拝の「歴史問題」は日本国憲法問題のコンテキストにおいて出てくる問題なのであります。この政治家は、運転席に後ろ向きに坐っている、そのことが、国民の不安の原因となるのです。近隣諸国の不安の原因ともなるのです。

(2) 第二に、日本国憲法問題のコンテキストにおいて出てくるのが、政府の「拉致」問題に対する態度であります。デモクラシーの原則からすれば、国家は国民の人権を守るという責任があります。拉致問題は、すぐれて人権問題であります。小泉首相は最初「拉致問題の解決なしに国交回復なし」と言っていました。それは正しいことであります。しかし、その後、拉致問題は、国交正常化交渉の前提ではなく、外交交渉という外交カードの一つ、つまり目的ではなく、手段とされてきました。これは政府が日本国憲法の基準に従ってきちんと行動して来なかったことの端的なあらわれであります。

拉致問題が、被害者家族の努力によって、その後の政府の態度をようやく別様に、つまり人権問題として、取り扱われるように変えられてきたことは正しいことであり、しかしこれまでの経緯は政府に反省を迫るものでありましょう。

家族の努力は人権概念の中に秘められた自然法的センス（親子兄弟のつながり）から出たもので、それが日本国憲法に則る国家としての正しい態度に立ち帰ることを促したのであります。家族の思いとそこから出てきた熱心が、まさに日本国憲法を日本に定着させるという動きとなったのであります。

なぜ六ヶ国協議で中国が人権問題を取り上げることにためらいをもつのでしょうか。それは中国の国家の性格を示すことになります。人権問題は、国家の性格を検査するリトマス試験紙のようなもので、日本が拉致問題を主張することを妨げる国家、それがどの国であれ、デモクラシーの原理からして不適性であることを示すのであります。

（3）第三に、日本国憲法の平和理想の問題であります。これは北朝鮮問題によって、根底から揺さぶられてきました。たしかに、この憲法の平和理想を守るためには、日米安保体制が必要でした。それは、ベルリンの壁崩壊後、その意味と必要については、国際情勢の変化とともに、議論を呼ぶようになりました。しかし、九・一一テロ事件以後、そして北朝鮮問題の深刻化とともに状況はさらに一変しました。北朝鮮問題が触媒になって、日米安保条約が突然現実味を持ち出したのであります。一九六〇年の改定安保体制の中で経済成長に夢中になってきた日本は、日米同床異夢の「夢」は破れ、いや、まだ醒めやらぬ目には現実の輪郭をはっきり捉えることができないまま、自民党政府は奇矯な行動を取りはじめることとなったのであります。イラクへの自衛隊派遣という問題です。日本は、憲法のしまりをもたない政治的弁解を重ねながら、アメリカ側のペースに調子を合わせようとして行くのであります。

それは、日本国憲法体制を補完する安保体制ではなく、安保体制のために日本国憲法を改正するというもつれであります。日本国憲法の理想を実現するという課題との取り組みは、ここに一頓挫を来すか、それとも変質するか、大きな曲がり角にさしかかってきました。日本国憲法の理想は、あのとき、アメリカの理想でもあったのです。日本は日本国憲法の理想の実現においてアメリカとの関係をどう造るかについて、真の外交努力がなされなければならなかったのです。前の湾岸戦争に金を出して兵を出さない、ということが話題となりました。そのような批判の矢を防ぐ盾は日本国憲法であります。試されたのは、日本国憲法にどれだけ誠実であるか、ということです。出兵しないことを何も悪いこととして言われる必要はない、日本は憲法の趣旨と意味を天下に明確にし、むしろそのような国としての行き方を世界に提示すべきであったのではないでしょうか。安保体制を優先させて憲法改正、再軍備まで行くとしたら、日本の国際的評価はついに確立されないでしまい、あれほどの犠牲を代償として新しい日本を建設しようとして敗戦後生き残った国民の願いは無に帰してしまうのであります。

日本は「普通ではない国」になることが大切なのです。日本国憲法の理想として日本は、ユニークな国、未来に生きる新しい国であり、普通の国ではない、小沢一郎氏の言う「普通の国」でもないのです。「東洋のスイス」として、日本は「普通ではない国」になる、日本国憲法の理想を求めること、それは戦争にあけ暮れた人類の普通の歴史を脱却して、「普通ではない国」になることであります。しかし、過去半世紀にわたって我が国の政治指導は、日本国憲法に背き、あたかも列車の車が線路から浮きだしてその理想へと進むべき道から脱線する可能性を孕み出した、この危険を直視すべきであります。日本は脱線してはならない、日本国憲法を改正する方向に行ってはならない、というのは、この憲法は原爆以上の力をもっているからです。原爆は巨大な破壊しかできない。この憲法は偉大な形成力を秘めているのです。まず、この憲法をアメリカに対して守るべきであり、また東北アジアの近隣諸国の間にあって守るべきであります。軍事的には、中曽根氏に従ってたとい再軍備しても、あの敗戦によって日本国民の魂に受けた忠誠心の崩壊を見よ、むかしの忠誠勇猛な日本兵は、政治家の思惑の中ではともかく、現実としてどれほど出てくるだろうか。結局二流、三流の弱体国家に成り下がるだけでありましょう。その点で、スイスは自国に誇りをもって専守防衛ながら高いモラールをもつ国民皆兵であります。

Ⅲ　日本国憲法は「この国のかたち」

しかし、日本にはそこから新しい日本が生まれ出る日本国憲法があります。日本国憲法は、東海の島国に隆起した目に見えない高峰――自然世界における富士山のような――精神世界における秀麗なる高峰であります。日本国憲法は、民主化という世界史的動向、東北アジアの中に滔々たる流れとなって行く近代化が粋然として「かたち」をなした姿であります。それが新しい日本の国のかたちであります。今日富士山はゴミで汚されているらしい、憲法もそのようであります。しかし、新しい日本は、この精神世界の霊峰富士に新しい「国のかたち」を見るのであります。

日本国憲法が、新しい日本の、国家としての存在と行動の基準であります。最近安易に憲法改正を言う風潮がありますが、むかしよくこう教えられたものでした、寒天は固まるまで動かしてはならない、と。過去半世紀、日本はこの日本国憲法の意味を捉えず、その理想を実現するためのすぐれた政治的指導者に恵まれず、かえって憲法という新しい国家建築の心柱を動かそうとする政治家や官僚などに悩まされてきたのであります。「国のかたち」がますます曖昧とされ、形成すべきところに崩壊が起こり、日本の道徳的深層は液状化しだしているのであります。

しかし、幸いにも日本国憲法はみずからをその破壊から守る装置をもっています。それは容易に改正できないような仕組みであります。心ある国民は、この仕組みを使って、日本を崩壊から守る必要があります。それはわれわれがこの憲法によって与えられた崇高な文化価値、最初に引用した「人類の多年にわたる自由獲得の努力の成果」としてのデモクラティックな文化価値、人権とか社会的諸自由とか、そして日本に独特なあの何百万の血の代償としての平和、それらをこの憲法自身の安全装置をもって守らなければならないのであります。そしてデモクラシーが存続するかぎり、日本は日本国憲法の理想を実現する可能性をもち続けることができるということを、忘れないで行きたいと思います。

最後に、日本国憲法によって規定された視座から今日の東北アジアの状況を見てみたいと思います。そのとき、わたしは、とくに日韓の連帯の必要と意味を考えるのであります。第二次大戦で枢軸国が崩壊したあと発生した冷戦構造が、日韓周辺にまだ残っているということを見るからであります。

今日の北朝鮮の問題は、日本国憲法の視点から見れば、冷戦構造の処理の最終的課題となると思います。同じく日韓関係を日本国憲法の視点から見れば、それはただに両国の関係の絆であるだけでなく、新しい東北アジア共同体の基軸となるものでもあります。東北アジアにデモクラシーが入ってきたのは、その前史はいろいろあるとしても、現実的には、一九四五年の日本の無条件降伏によってであり、韓国に入ってきたのは、その後のいろいろなことがあったにもかかわらず、同じく一九四五年の日本帝国主義からの解放によってであります。日本は「降伏」によって、韓国は「光復（節）」によって、であります。否定と肯定との対立は、媒介なしには結合しません。媒介はデモクラシーであり、アメリカでありました。日本国憲法がその「媒介」を示しています。そこで、日本国憲法の視点から見れば、アジアのデモクラシーの将来は、日米韓の連帯を基軸として展望され、構想され、形成されて行かなければならないと考えられるのであります。

そこで課題になるのは、「ナショナリズム」であります。日本における憲法改正の主たる動力源は日本的ナショナリズムであります。わたしは、ナショナリズムを一概に否定しません。ナショナリズムはより高い理想に奉仕するかぎり、つまり、今日のようなモダナイゼーションとグローバリゼーションの世界史的動向を人類的平和と協力へと導く動力としてそれが奉仕するかぎり、意味をもちます。つまりそれによって「責任的グローバリゼーション」ということが推進されるかぎり、意味をもちます。Responsible Globalization――それが可能になるのは、諸国家の連帯、グローバル・ガヴァナンスによるコントロールでありましょう。しかし、抽象的にではなく、現実的には、まず日韓の連帯でそれを実験してみることであります。

ナショナリズムに潜む問題がいかに悪質なものであるかは、日本において加害的に、そして近隣諸国においては被害的に、経験されました。朝鮮半島の問題を韓国のナショナリズムで取り扱うことが果たしてできるかどうか、ここではわたしは判断を保留するしかありません。しかし、北朝鮮と韓国がナショナリズムで連帯したとき、日本にも日本的ナショナリズムが誘発されるでしょうし、それは再軍備へと国民を準備するという逆効果をもたらすかも知れません。EUのような諸国家の連帯は、そこに何らかの共通の価値観があったから可能であったと思います。漢字文化とか儒教文化とか、そのようなアジア的価値をもって、はたして東北アジアに国家連帯を造れるでしょうか。アジア的価値とか、ローカルな文化とか、その地域によってデモクラシーの相貌が多少変わるということは、あり得ることかも知れません。日本国憲法も第一章は天皇象徴制の規定であります。それをもって、天皇制とのcompromise（妥協）というか、modus vivendiというか、いろいろ解釈があるでしょうが、日本国憲法の原理は、明治憲法とは本質的に違うのであります。天皇制は、日本国憲法の基礎である普遍的原理のコンテキストの中で解釈されるのであり、その限りその位置と意味は限定的であって、絶対的ではありません。イギリスにおいては、王制を廃止した経験を持っており、今でもなおイギリスの王室はデモクラシーとの緊張関係をもっています。王制をデモクラタイゼーションと調和させることは、もし王制がテューダー朝やスチュアート朝のような絶対王制を言うものであれば、結局は不可能になるでありましょう。

日本はナショナリズムの不幸な経験をもった国であります。だから、日本はその国家的品質の証明をこの日本国憲法で提示して置かねばならないのであります。もしそうであれば、日本国憲法のデモクラシーの理念は、むしろ日本が日本国憲法によって新しい日本として生まれ変わるという課題とならざるを得ないのであります。グローバリゼーションが責任的に人類の叡知と倫理性によって推進され、世界共同体の形成を目指すならば、日本を含め、東北アジアもデモクラシーによって新しく生まれ変わるという、未来を目指した連帯の形成の方がよいのではないでしょうか。

日本は、日本国憲法をもっているにもかかわらず、それによってみずからの存在と行動を規制せず、みずからの「国のかたち」をこわしてきました。日本国憲法が日本の新しい「国のかたち」であって、それ以外のどこにも見いだすことはできないのであります。小泉首相が構造改革を言うことにわたしは賛成です。それはグローバリゼーションに添う国家の前向きの運転だからであります。しかしその小泉首相が、靖国参拝を敢行する、その後ろ向きは、日本の信頼を損なうことになるでしょう。つまり、日本の本音は、依然としてむかしと同じだという、内面の問題性を露呈するからであります。

日本国憲法は、モダナイゼーション、グローバリゼーションという世界史的地殻変動から隆起した、富士のような秀麗な高峰であります。それが日本の新しい国のかたちを象徴するのであります。戦後の日本、そしてその中に生きてきたみずからの人生を顧みながら、これこそわたしが一度言ってみたかったことであります。

後記——これは、昨年の七月、小田川興客員教授との話し合いを氏が文章に起こして下さったものを基礎とし、この書の出版に際して、書き直したものである。今年の一月の小泉首相の靖国参拝のことなどは、この際書き加えたものである。その他は、昨年夏の時点で語ったものである。多少状況の推移に合わないところがあれば、訂正加筆が必要であろうが、本筋は変わらない。小田川氏の労に感謝したい。(二〇〇四年一月)

北朝鮮問題と日本外交

小此木　政夫

はじめに

冷戦終結後の今日、何が北朝鮮問題を「グローバル化」（世界化）しているのだろうか。その第一の契機は北朝鮮自身による大量破壊兵器、とりわけ核兵器と長距離ミサイルの開発である。冷戦終結までに韓国との体制競争に敗北した北朝鮮は、「祖国の統一と独立」のためではなく、自らの「生き残り」（＝体制維持）のために大量破壊兵器の開発に着手したが、その兵器が持つ普遍性が北朝鮮問題をグローバル化したのである。事実、それなしには、クリントン政権時代の米朝「合意枠組み」（ジュネーブ合意）は存在しなかったし、ブッシュ政権下での厳しい米朝対立も存在しないだろう。

しかし、それだけではない。第二の契機として、一昨年九月にニューヨークとワシントンで発生した米国中枢に対する同時テロ事件がある。朝鮮戦争と同じく、「九・一一」テロ事件が北朝鮮問題を再定義し、それにグローバルな意味を付与したのである。国際的なテロ組織との「新しい戦争」に立ち上がったブッシュ政権は、アルカイダやタリバンに反撃しただけでなく、「テロ支援国家」や「ならず者国家」をも容赦しなかった。先制行動によって「テロ支援国家による大量破壊兵器の開発を阻止する」という単独行動主義の論理がこれらの国々にも適用され、二〇〇二年一月の「悪の枢軸」演説以後、北朝鮮問題はイラク問題の「極東版」とみなされ始めたのである。金正日総書記はもちろん、日本政府にとっても、これは予想外の展開であったに違いない。

三つの視点と二つの悪夢

日本にとって、北朝鮮との国交正常化には三つの大きな視点がある。

その第一は、戦後処理の視点である。サンフランシスコ講和以後、日本は東南アジア諸国との賠償問題を解決し、旧ソ連、韓国、中国とも関係を正常化してきたが、北朝鮮との関係は正常化されていない。それを何とか達成することが、政府、とりわけ外務省にとっての宿願であった。しかし、冷戦締結後の一九九〇年九月、正常化交渉の扉を開いたのは、その他の国々との関係正常化と同じく、政党外交であった。金丸信副総理と田辺誠社会党元書記長を団長とする自民・社会両党代表団が「日朝関係に風穴を開ける」ために北朝鮮を訪問したのである。

第二は、地域紛争の視点である。東アジアにおいては、台湾海峡とともに、朝鮮半島こそが軍事紛争の発火点であった。金丸・田辺代表団の北朝鮮訪問を契機に、北朝鮮の核兵器開発問題がクローズアップされ、日本政府は現在の懸案の解決にも努力せざるをえなくなった。しかし、核兵器や長距離ミサイルの規制に成功すれば、朝鮮半島の平和と安定が確保されるだけでなく、台湾海峡の安定化や北方領土問題の解決も促進されることだろう。中国やロシアに対しても、日本の外交的な立場が強化されるに違いなかった。

第三は、北朝鮮問題のグローバル化にどう対応するか、すなわち朝鮮半島でイラク型の軍事紛争を発生させてはならないという視点である。すでに指摘したように、「九・一一」テロ事件以後、日本が直面したのは、イラク問題と北朝鮮問題が連動するという世界史的な事態であった。朝鮮戦争以来の安全保障上の危機が到来するとき、日本の運命が第三者に託されてよいはずはなかった。二〇〇二年九月の小泉首相の平壌訪問は、そのような使命感によって裏打ちされていたはずである。その意味で、小泉外交は「対米協調」と「対米自主」を巧みにブレンドしようとする試みであった。

しかし、小泉首相の平壌訪問はまた、日本の北朝鮮外交が抱える「二つの悪夢」を回避するための試みでもあった。「二つの悪夢」の第一は、アメリカが日本の頭越しに突然北朝鮮との関係を正常化することである。これには「ニクソン訪中」という前例があった。しかも、クリントン政権の最後の時期、すなわち二〇〇〇年一二月には、それが実現しかかったのである。六月の南北首脳会談後、金正日総書記は対米関係の打開に全力を尽くし、一〇月には側近の趙明禄次帥を特使としてワシントンに派遣し、クリントン大統領を平壌に招待した。また、その可能性を検討するために、オルブライト国務長官が北朝鮮を訪問した。北朝鮮のミサイル規制を実現するために、クリントン大統領が最後の外国訪問地として平壌を選んでいれば、「ニクソン訪中」にも匹敵する外交的衝撃が日本を襲ったことだろう。

第二の悪夢は、その逆のシナリオ、すなわちアメリカが北朝鮮に対する先制軍事行動に踏み切ることであった。この可能性にも前例がないわけではなかった。一九九三、九四年に、北朝鮮がＩＡＥＡ（国際原子力機関）の核査察要求を拒否して、ＮＰＴ（核拡散防止条約）からの脱退を宣言したとき、国連安保理事会では経済制裁が検討され、北東アジアの緊張が一挙に高揚した。北朝鮮が「経済制裁が行なわれれば宣戦布告とみなす」という政府声明を出したし、「ソウルが火の海なる」と警告したからである。アメリカが北朝鮮の原子力施設に外科手術的な攻撃を加えれば、それが第二次朝鮮戦争を誘発するかもしれなかったのである。

「九・一一」テロ事件と日朝首脳会談

歴史的な日朝首脳会談を前に、日本政府を脅かしていたのは、いうまでもなく後者の悪夢であった。北朝鮮が大量破壊兵器をめぐる対米譲歩を渋っている間に、「九・一一」テロ事件が発生し、アフガニスタンでタリバンの掃討が進展した。また、米国によるイラク攻撃が現実味を持って議論され始めた。もしイラクが攻撃されれば、その次の目標は同じように「悪の枢軸」と名指しされた北朝鮮であると予想された。しかも、北朝鮮が「第二のイラク」になることは、日本にとって、周辺事態法が発動される以上のもの、すなわち自らの安全保障上の危機を意味していたのである。

他方、北朝鮮にとっても、「九・一一」テロ事件は予想を超えるものであった。明らかに、アメリカへの恐怖が北朝鮮の対日接近を促し、金正日総書記に小泉首相を平壌に招待させたのである。言い換えれば、米国との対話を再開し、北朝鮮の体制保全を図るために、金正日はブッシュ大統領の盟友である小泉の協力を必要としたのである。かつて韓国の盧泰愚大統領が展開した「北方外交」との対比で言えば、金正日が推進したのは、「東京を経由してワシントンに到達する」という「南方外交」であるといってよい。植民地支配の過去が清算されていないにもかかわらず、拉致事実を認定して、謝罪するとの政治的決断は、そのための「高価な代償」であった。

しかも、金正日総書記は、それを巧みにやってのけた。拉致被害者の「八人死亡」を最後まで秘匿し、訪朝前に開催された局長会談で共同宣言の案文を詰めたうえで、平壌に到着した日本代表団に最高機密を明らかにして、最大の懸案ともいえる拉致問題を一挙に処理しようとしたのである。これが今回の首脳外交における最大の外交的演出（トリック）であった。もちろん、もし小泉首相が席を蹴って帰国すれば、そのような交渉戦術は破綻せざるをえなかった。しかし、そうなれば日朝関係は再び敵対状態に復帰し、拉致被害者たちの帰国も不可能になったことだろう。そのような巧みな外交がかえって日本の世論を激怒させ、再開された日朝交渉を頓挫させたのである。

アメリカに対する恐怖以外に、金正日の対日接近を促すものがあったとすれば、それは北朝鮮の経済的な破綻である。社会主義諸国との経済関係（バーター貿易と友好価格）の喪失、エネルギーと物資の欠乏、工場の稼働率低下と計画経済の破綻、連続的な自然災害と食糧危機など、その実態は極めて深刻である。七月以後に実施された「経済改革」措置も、その実態は農民市場と呼ばれる闇市場に対する統制力の回復のために需要と供給の原理を導入し、商品の公定価格を闇市場の商品価格の水準まで引き上げたにすぎない。また、改革以後に物資が不足すれば、インフレの昂進が経済全体を破綻させるかもしれなかった。国交正常化による日本からの資本、技術、物資の導入が不可欠になっていたのである。

したがって、全般的にみるならば、日朝首脳会談は北朝鮮問題を二国間および地域（リージョナル）レベルで解決しようとする試みであった。日朝平壌宣言を通じて、双方は「日朝国交正常化を早期に実現するため、あらゆる努力を傾注する」ことを約束しただけでなく、「相互の信頼関係に基づき、国交正常化の過程でも、日朝間に存在する諸問題に誠意を持って取り組む」ことに合意した。北朝鮮側にとって最も重要な経済協力についても、無償資金協力、長期借款供与、国際機関を通じた人道的支援、国際協力銀行を通じた融資、信用供与などが列挙されていた。さらに、北朝鮮側は過去の問題と現在の懸案を一括して解決するという日本側の方針に歩み寄り、「朝鮮半島の核問題の包括的な解決のため、関連するすべての国際合意を遵守する」ことを確認した。「九・一一」テロ事件を背景に、日本の外交能力が最大限に発揮されたのである。

朝鮮半島でイラク型の軍事紛争を発生させないためには、できるだけ北朝鮮問題のグローバル化を阻止することが望ましい。朝鮮戦争以来の危機が予想されるときに、日本政府がそのために最大限の外交的努力を傾けたのは当然のことである。その意味で、さまざまな批判にもかかわらず、小泉首相の平壌訪問は日米同盟の基盤の上で「対米協調」と「対米自主」を巧みにブレンドしようとする独自のリージョナル・イニシアチブであったといえる。しかし、拉致関係者「八名死亡」という衝撃的な通告、それに続く翌月の北朝鮮によるウラン濃縮計画の発覚（ケリー国務次官補の訪朝）が、そのような日本のイニシアチブを途中で挫折させてしまったのである。

イラク戦争の教訓と当面のシナリオ

イラク戦争開始後、北朝鮮はそこからいくつかの教訓を獲得したが、そのうちでもっとも重要なのは、第一に米地上軍のバグダッド侵攻なしにフセイン政権を転覆することは不可能であったということであり、第二にイラクがイスラエルに到達する核ミサイルを保有していれば、米軍はバグダッドに侵攻できなかったということである。そして、おそらく第三の教訓は国際査察を受け入れることの危険性に関するものだろう。アメリカが北朝鮮に対する「敵視政策」を放棄するまで、いいかえれば米朝間の政治関係が改善されるまで、北朝鮮がかつて受け入れたIAEA（国際原子力機関）による監視以上のものを受け入れる可能性は低い。

したがって、もし北朝鮮が核兵器を小型化し、それをミサイルに搭載できる技術能力をもっているか、ごく近い将来に持つことができるならば、北朝鮮との交渉はほとんど不可能だということになる。かれらはそれを完成するための時間を稼ぐだけである。しかし、そのためにさらに数年の時間が必要とされるならば、アメとムチを組み合わせることによって、北朝鮮と交渉することは不可能でない。六カ国協議がそのための土台を準備している。

ただし、その場合でも、北朝鮮との交渉は容易ではない。イラク占領の混乱と米国大統領選挙が北朝鮮の指導者に心理的な余裕を与えているからである。北朝鮮に核開発を放棄させるためには、周辺諸国の強い決意と共同行動、多国間協議の進展に続く米朝直接交渉の開始など、対話と圧力の巧妙なブレンドが必要とされる。当面、北朝鮮の核開発を「再凍結」し、さらなるプルトニウム生産を許さないことを最大の目標にして、暫定ないし初期合意が追求されるべきである。

第二回六カ国協議を前に、我々の前途には三つのシナリオが待ち構えている。第一のシナリオは、北朝鮮との暫定ないし初期合意に向けて前進し、米国大統領選挙までに、それを達成するというものである。一〇月のＡＰＥＣ首脳会談でブッシュ大統領が言明したように、六カ国協議の枠内で北朝鮮の安全保障上の懸念に配慮しつつ、何らかの共同文書を作成することができれば、北朝鮮との交渉がより容易になるだろう。それだけでなく、そのなかに部分的にしろ北朝鮮の要求する「一括妥結と同時行動」の原則が含まれれば、北朝鮮は予想以上に柔軟に反応するかもしれない。

第二のシナリオは、第二回六カ国協議が米朝間の意見の対立をかえって際立たせて、交渉による解決の見通しが得られなくなるというものである。米国政府が主張してきた核兵器の「先行放棄」と北朝鮮の要求する「同時行動」が正面から衝突すれば、六者協議の決裂もありえなくない。最悪の場合、六カ国協議続行の展望が失われ、北朝鮮の核開発を阻止するという課題は再び安保理事会に委ねられるかもしれない。その場合、北朝鮮はブッシュ政権との交渉を断念し、大統領選挙での民主党候補の当選に期待しつつ、核実験の強行を含む新しい挑発を試みるかもしれない。

最後のシナリオは、第一のシナリオと第二のシナリオの中間である。米国も北朝鮮も中途半端な態度に終始し、六カ国協議の成功も決裂もないというものである。この場合には、米国大統領選挙が終わるまで、事態は膠着せざるを得ない。北朝鮮側からの部分的な挑発や米国のＰＳＩ（拡散防止イニシアチブ）実施が予想されるが、その間にも、北朝鮮の核開発は継続される。

八月末の六カ国協議で発揮したイニシアチブや一〇月末の呉邦国・全国人民代表大会常務委員長の北朝鮮訪問にみら

れるように、中国の外交目標は六カ国協議を通じて北朝鮮の核問題を確実かつ平和的に解決することであり、そのための仲介外交を成功させることである。もし北朝鮮がそれに応じなければ、中朝友好相互援助条約の改定、エネルギー・食糧支援の停止、中朝国境での密貿易の厳格な取り締まり、脱北者の人道的な受け入れなどの圧力手段を行使することもありうるだろう。他方、平和解決を実現するために、米国に対しても北朝鮮の要求する「同時行動」の実質的な受け入れを要求していくに違いない。

おわりに

日本のリージョナル・イニシアチブが挫折した後、それに代わる役割を演じたのは中国であった。二〇〇三年三月のパウエル国務長官の北京訪問以後、中国政府は積極的な仲介外交に乗り出し、四月には米朝中三カ国協議を、八月には日韓ロを加えた六カ国協議を北京で開催することに成功した。朝鮮半島で軍事緊張が高揚する可能性が無視できないほどに増大し、それが平和な国際環境を必須条件とする中国の持続的な経済発展戦略の大きな障害として登場すること、北朝鮮の核兵器保有が北東アジアに核開発の連鎖反応を発生させる可能性があること、北朝鮮の崩壊が米国主導の朝鮮半島統一を招来することなどを懸念したものだが、それに加えて、最近の米国との緊密な関係を胡錦涛時代に定着させたいとの願望が大きく作用したものと思われる。

六カ国協議方式が米国のグローバル・イニシアチブと中国のリージョナル・イニシアチブの混合であるとするならば、独自のリージョナル外交に失敗した日本としては、少なくとも一時的には、中国の積極的な仲介外交を支援し、核問題に関する暫定ないし初期合意の達成に協力するべきだろう。それなしには、拉致問題の解決も日朝関係正常化も不可能だからである。米国のグローバル・イニシアチブに敬意を払いつつ、日本は中国、ロシア、韓国と積極的に協力し、リージョナル・イニシアチブの強化のために努力するべきである。北朝鮮との暫定ないし初期合意の達成後に、六カ国協議の東京開催が検討されてよい。

北朝鮮外交の模索

遠藤哲也

日本の安全保障にとって北朝鮮は極めて重要な隣国であり、北朝鮮問題に対してわが国として独自に、また関係諸国と協調して何をすべきか、現実に何が出来るかなどについて私なりに考えてみたい。

一　北朝鮮の政策と現状

（1）改革・開放と体制維持のジレンマ

北朝鮮経済は八方塞がりである。北朝鮮経済は社会主義経済に固有の欠点に加え、軍事費の重圧から一九七〇年代後半以降、困難に逢着していたが、一九九〇年の東西冷戦構造の終焉により、北朝鮮経済の後ろ盾であった中国とソ連（当時）、特にソ連からの支援が全くなくなり、内にあっては天候不順も深刻な影響を与えた。一九九〇年代は文字通り「失われた十年」であり、その苦難は今も続いている。特に、農業、エネルギー分野（石油）は深刻な打撃を受けており、外貨は底をついている。

これを辛うじて支えてきたのが、中国からの石油と食糧の援助であり、KEDOによる年間五〇万トンの重油の無償供給であり、国際機関からの食糧援助であった。五〇万トンの重油は北朝鮮に必要な重油の約半分にあたると思われ、この供給停止は北朝鮮にとって非常な打撃である。また、外貨面では在日朝鮮人からの送金、ミサイル輸出による収入などであった。

しかしながら、事態は一向に好転せず、むしろ一層厳しくなっている。諸外国、国際機関からの食糧援助は援助疲れや核問題の影響をうけて先細りの傾向にあり、在日朝鮮人からの送金も日本の不況や北朝鮮船舶の入港規制などによって減っているとみられる。ミサイル輸出も米国が受取り国に圧力をかけることによって以前のようにはゆかなくなっているし、麻薬や覚醒剤の密輸も取り締まりの強化で次第に難しくなっているようだ。

金正日総書記としても、経済の立て直しを図るには、中国のとったような経済の改革・開放が有効であることを知っていると思われ、自らも中国の経済特区を訪問したり、経済専門家を派遣したりしてきた。また、北朝鮮国内にも新義州、開城などに特区づくりを進めている。二〇〇二年七月の経済管理改善措置による若干の競争原理の導入などもその一つであろう。だが、金正日の最大の関心は北朝鮮独特の体制いわゆる国体の維持であり、経済改革・開放が蟻の一穴となってやがては体制そのものが破壊することを極度におそれている。従って、経済再建のために結局は弥縫的な対策しかとりえず、弥縫策では結果として効を奏しえないというジレンマにあるのではないか。問題は情勢の認識ではなく体制維持が最高の命題である限り、いわゆるmuddle through（その場しのぎ）の経済政策しかとりようがない。そうすれば経済は決して良くなり得る筈がないと思われる。

（2）通常戦力の衰勢と第一撃能力の強化

北朝鮮は「先軍政治」なるスローガンの下に軍事を最優先とし、金正日はすべての政府機関の上にある国防委員会の長である。現在北朝鮮の軍事力は兵員数、戦車、火砲、戦術ミサイル、作戦機などほぼすべてにおいて韓国に対し量的には優っている。しかし、質的には北朝鮮の通常戦力は、一世代ないし二世代前のものが多く、韓国に比べるとかなり劣っている。

北朝鮮の苦しい経済状況の下でも軍事部門には資源が優先的に配分されているとはいえ、経済のパイそのものが小さくなれば軍事部門が影響を受けるのはまぬがれ難い。更に、外貨の乏しい北朝鮮として精鋭兵器、スペア・パーツを今後どのようにして調達してゆくのか。また、石油不足に悩む北朝鮮は、軍事訓練にも事欠き、練度が低く、まして一旦事ある時に継戦能力をどうやって維持してゆくのだろうか。

そうしてみると、北朝鮮にとって通常戦力に関する将来の見通しは大変に暗いといわざるを得ない。従って、それを熟知している金委員長としては、核開発とともに三八度線のすぐ北側に火砲、戦術ミサイルなどを集中配備して第一撃でもってソウルを「火の海」にし、三八度線のすぐ南に駐屯する米第二歩兵師団に対して大きな打撃を与えるという捨て身の作戦を立てている。

北朝鮮は従来ソ連に数多くの将校を留学させており、その数は毎年三百人から五百人ともいわれ、ペレストロイカの時期でも二百人位は派遣していたといわれている。彼等はソ連留学を通じてそれなりの合理的な訓練をうけており、留学生のうちには帰国後軍職から追放された者もいるようだが、留学経験による考え方は北朝鮮軍部の中に残っていると思われる。ソ連留学帰りの佐官級を中心とする中堅幹部は、北朝鮮の軍事力の将来、南北の軍事力バランスをどのようにみているのであろうか。

金正日は、将軍クラスの年老いた軍幹部をしかるべく懐柔しているとしても、これら中堅幹部をどのように扱ってゆくのか、それは北朝鮮体制の行方と深くかかわることである。

(3) 核兵器は北朝鮮の虎の子

通常戦力が衰勢の傾向にある北朝鮮が核兵器とミサイルの開発にひかれるのは驚くに当たらない。核兵器の技術は今やさほど高嶺の花ではないし、またそれほど高価なものでもないといわれる。核兵器は軍事的価値とともに、政治的にも外交的にも大きな価値を持っている。現に、一九九〇年代の核疑惑から枠組み合意の形成(一九九四年)の過程でこの「核カード」は大きな効果を示した。これによって北朝鮮は超大国米国を直接交渉のテーブルにつかせ、KEDOを設立させて、北朝鮮として若干の代償を払ったものの軽水炉二基と重油供給を獲得したのであった。核カードがなければ小国北朝鮮にとってこれはとうてい不可能であっただろう。北朝鮮は核開発の価値を身にしみて実感したと思う。

北朝鮮の核兵器の開発段階については、ブラフ的な発言は別として北朝鮮自身は一般論をこえては語らないし、諸般の情報が入り乱れている。仮に核兵器をまだ保有していないとしても、比較的短期間のうちに完成させるだろうし、ミサイルに搭載可能な弾頭の小型化にもそのうち成功するであろう。目下のところは、プルトニウム型核弾頭(長崎型)であろうが、ウラン濃縮にも着手したとのことなので、いずれはウラン型核弾頭(広島型)も完成させるかもしれない。ウラン濃縮型は多くの遠心分離機のカスケードが必要であり、大変な作業だが、起爆はプルトニウム型よりは技術的に容易で、必ずしも核実験は必要でないとも言われている。また、将来の水爆の起爆剤として考えているのかもしれない。

いずれにせよ、核兵器は北朝鮮にとって貴重な虎の子である。この虎の子をそう簡単に手放すものではない。核のない北朝鮮を考えてみればよい。人口二、三〇〇万人位のさしたる資源もない破産国家、アジアの最貧国を誰が真剣に相手にしようか。このことは金正日が最も良く知っており、良くても悪くても世界の関心を引き、実利を得ることのできる――少なくとも獲得できた――貴重なものをそうやすやすと手放す筈がない。

北朝鮮は体制維持が保障されれば、あるいは十分な経済援助が得られれば核兵器を放棄するのではないか云々との説が言われるが、体制保障や援助の約束を信ずるほど北朝鮮は甘くない。これまでの核を巡る歴史だけを振り返ってみても、北朝鮮自身が国際約束を独特の論理なり口実なりを使って幾度となく破っており、そういった取引に簡単に乗ってくるとは思われない。核開発を放棄した挙句、体制維持の保証も経済援助も得られないとなれば、北朝鮮としては一層窮することになるからである。

もちろん、事と次第では北朝鮮も核兵器の放棄とそれを検証するための査察を受け入れるかもしれない。だが、その場合の査察は米国をはじめ関係諸国が受け入れうるような検証可能な不可逆的なものではないであろう。完全な査察は北朝鮮を丸裸にするに等しく、北朝鮮として到底受け入れられるものではない。

要約するに、北朝鮮の核開発を放棄させることは、不可能とまでは言わずとも、至難の業と思われる。しかも、最近の核不拡散を巡る世界の情勢をみるに、インド、パキスタンは当初国際社会からあれこれ批判されたものの、今や準核兵器国として大手をふってまかり通っている。北朝鮮も核実験に成功し核兵器開発に成功すれば、国際社会も結局はその事実を認めざるを得ないのではないか、と考えてはいないか。また、イラクがあのように簡単に敗北を喫したのも核兵器を持っていなかったからではないかと北朝鮮の独裁者はみているかもしれない。

（4）対米関係の最重要視と日米韓の関係を乱す

〈米国〉北朝鮮外交にとっての重点国は米国、日本、韓国、中国とロシアだが、そのうち米国との関係を最も重要視している。これについて北朝鮮は、米国は朝鮮戦争の休戦協定の相手側当事者であり、依然として韓国に軍隊を駐留させて北朝鮮の安全保障にとっての最大の脅威であるからだとしている。それと同時に、超大国米国との関係を調整できれば、米国自身から経済的に得るところは少なくても、他の国々が追従するだろうとの考えである。北朝鮮が米国との話合いに固執するのはこのためである。

ところで、北朝鮮はイラク戦争からいくつかの教訓を得ている。一つには現在の米国は必要とあらば国連を迂回してでも自分の意見を通すというユニラテラリズム（単独行動主義）志向の国であり、今一つは圧倒的な軍事力である。しかし北朝鮮は同時に、米国の外交政策は政権によって大きく変わることを経験を通じても知っており、そのうちより宥和的な民主党政権が誕生するのを待っているのかもしれない。また、例え共和党政権の現在でも、米国の目下の重点は中東和平問題、イラク戦争の後始末、イランへの対応などに置かれていることも北朝鮮はよく承知しており、この間隙を十分利用したいとのしたたかさを持っていると思われる。簡単に言えば硬軟両策による時間稼ぎである。

〈日本〉日本との関係はより複雑である。日本との関係は国交正常化を通じて植民地統治を清算することにあるが、経済に苦しむ北朝鮮にとって何よりも大きなねらいは資金である。北朝鮮は、従来、金日成の率いた朝鮮人民軍が日本軍を打ち破ったのであるから、戦敗国である日本は戦勝国である北朝鮮に賠償金を支払うべしとの主張を繰り返していた。ところが、よほど緊急に資金を要するようになったのか、二〇〇二年の日朝首脳会談でこの主張を取下げ、日本が韓国との国交正常化の際に採用した経済協力方式の例に倣うことに同意した。北朝鮮としては、これは大変に思い切った政策の変更で、これによって今後金額を巡っては紆余曲折の難交渉が予想されるが、少なくとも日朝は同じ土俵に乗ったということは言えよう。

だが、日朝国交正常化の行く手には少なくとも二つの大きなハードルが横たわっている。一つは核問題で、今一つは拉致事件である。まず前者については、北朝鮮はこれを基本的には米朝二国間の問題で日本とは話合う必要なしとしているのに対し、日本はこれを国際社会全体の問題としており、六者会談の結果待ちである。後者は、北朝鮮は日朝二国間の問題と見ている。金正日としては、日朝首脳会談で拉致を認め、自らが謝罪し、五人を日本に帰すことで一件落着したつもりであった。ところが、これがかえって日本の世論に火をつけてしまい、世論なるものが存在しない北朝鮮の側にとっては全く予想外の事であったであろう。

拉致問題の解決とは具体的にどういうことなのかについてはいろいろな意見があろうが、五人の家族を日本に帰す、日本からの質問状に対して辻褄の合う回答をすることなどは北朝鮮にとってさほど困ることでもないだろうし、また可能であろう。だが、このカードを簡単に切るほど北朝鮮は甘くない。北朝鮮は、これはという時機がくるまではとっておくのではないかと考えられる。

〈韓国〉北朝鮮は韓国の金大中前大統領の太陽政策、その後をうけ本質的には同一線上にある盧武鉉現大統領の平和・繁栄政策を評価している。北朝鮮としてはそれに呼応する形で、同一民族であることを訴えて韓国民の北朝鮮に対する警戒心をやわらげさせ、人道援助を得て、また韓国の反米機運を煽りつつ、他方、一旦緩急ある時には韓国に対して甚大な被害を与え得ることをほのめかしている。そして韓国に北朝鮮を刺激しないで宥和政策をとらせるよう仕向けている。これは核問題への対応にも現れ、日米韓の足並みを乱そうと努め、この硬軟両様の戦術はある程度効を奏している。すなわち、最近の米韓関係は必ずしもしっくりしないところがあるし、韓国民の北朝鮮に対する感情はかなり甘くなっているようにみうけられる。

〈中国、ロシア〉北朝鮮と中露との関係は、冷戦時代とは比べることはできないが、一応の友好関係にあり、更に中露両国を比較すれば中朝関係の方がより親密である。

中国は北朝鮮にとっての命綱である食糧と石油を援助し続けているし（不快感を示す時には技術問題との口実で石油を一時中断することもあったが）、脱北者の取扱いにも北朝鮮の面子を立てるよう気を使っている。中国は金正日の差配振りには必ずしも満足せず、核開発には反対だが、六者協議など多数国間フォーラムやＩＡＥＡ、国連などの場では、対米牽制もあってか慎重な態度をとってきている。これらの点から、北朝鮮にとって中国は一番頼りになる国であるし、北朝鮮に対しては中国の影響力は一番強い。

他方現在のロシアは、大国としての存在感を示したいとの気持ちは固いが、そのテコとして北朝鮮を援助する経済的な力はない。ロシアも中国と同様に北朝鮮の核兵器開発には反対しているが、米国、また中国との関係などから北朝鮮に対するアプローチは慎重である。北朝鮮は今後とも中露のこの態度を米国への牽制球として利用してゆくものと思われる。

（5）最大の悲劇は絶対王制的政権

北朝鮮の政権は社会主義と主体思想（強烈な民族主義とでもいうべきであろうか）と儒教思想がミックスしたような独特のものだが、その何よりの特徴は権力の世襲と、それに正統性を与えるために政権が神話で塗り固められていることとである。金日成主席は抗日運動で輝かしい武勲をあげたのに、何故か王権神授的な革命神話を作り上げてしまった。北朝鮮政権を一言で表せば「金王朝」とも言うべき絶対王制的な政権である。

単なる個人崇拝であればその個人を批判、攻撃することによってそれまでの政策を否定し、新しい政策を始めることができる。中国、そしてかつてのソ連もそうであった。しかし、王朝になると、個人批判、政策批判は王朝それ自体の批判になってしまい、思い切った新政策を打ち出すことが出来ない。北朝鮮の肝心な政策はすべてが金日成なり金正日に結びついているため、政策の微調整程度は可能であるとしても、それらの政策を否定して新政策を打ち出すには王朝を倒すこと、つまり政権を変えるしか方法がない。

ところが、金正日政権はそんなに弱いものではない。一九九四年に金日成が亡くなって金正日が政権の座についた当時は、そう長くは持つまいとの見方があったが、金正日政権は何とか持ちこたえている。金正日が苦しい経済にもかかわらず政権を掌握しているのは、一つにはムチによって国民を外部の情報から遮断しており、今一つは政権に対して抵抗勢力になりうる軍部をしっかりと掌握しているからである。金正日が公に姿をみせるのは軍関係の行事が最も多く、軍の幹部に対しては物心両面で大いに意を用いている。

この絶対王制はすでに述べたように一応安定しているが、剛構造の故に一瞬にして崩壊する危険性も秘めている。国民を外部の情報から遮断しているとは言え、口コミなどで情報は徐々に入りつつあるし、軍や党の幹部は特権的な待遇を与えられていても、経済悪化によって経済全体のパイが小さくなれば彼らも影響をまぬがれない。人民峰起などによる反乱が起こるとは到底考えられないが、宮廷革命、暗殺、二・二六事件のような一部軍人のクーデターなど不測の事態によって内部崩壊する可能性は完全には否定できないと思う。

北朝鮮が思いきった経済の改革・開放に踏み切れないのも核開発路線から撤退しえないのも、その根源を探れば絶対王制的な神話に彩られた独裁政権の故と考えられる。これこそが北朝鮮の最大の悲劇だと思われる。

二　対北朝鮮政策はいかに進めるべきか

わが国として独自に、あるいは志を同じくする諸国（like-minded countries）と協調してどのような政策を進めるべきであろうか。北朝鮮政策を進めるに際して、特に留意すべきは冷静さである。相手が韓国なり北朝鮮になると日本は非常に感情的になり易い。次に国際協調については、特に米韓が最も重要であるが、日米韓三国の北朝鮮へのアプローチには相当な温度差がある。他方、北朝鮮の方はその差を利用しようとねらっているので、率直な意見交換を通じての三国間の調整が大事である。中でも米国との協力が大事である。なお、北朝鮮に対する影響力の点では、何と言っても中国であり、従って中国の影響力を借りることに意を用いるべきである。北朝鮮はこれまでも国際約束を独自の解釈や口実を用いて自分に都合よく解釈したり、反古にしたりしたことが少なくなかったので、北朝鮮との約束は念には念を入れるべきである。

国交正常化交渉

北朝鮮との国交正常化は第二次世界大戦の戦後処理のうち、ロシアとの平和条約締結とともに残された二つの未処理案件の一つである。戦後半世紀以上も経っているので、国交正常化はなるべく早く実現するのが望ましく、これは日朝平壌宣言にも明記されている通りである。だが、焦りは禁物で、特にわが国の国内政治的な理由から交渉再開を焦ったりしてはいけない。交渉再開のためのカードとして政府レベルの援助提供などは絶対に避けるべきである。

拉致問題の解決なくして正常化なしとの立場は正しいが、拉致問題の解決とは何か、日本として受け入れられるギリギリの線は何かについて内々に腹を固めておいた方がよい。核問題については、北朝鮮は基本的に米朝間の問題であるとしているが、これは日朝国交正常化の上でも避けて通れない問題であり、拉致問題とともにこれが解決するまでは正常化は実現しないと覚悟すべきである。

戦後補償の問題は、日本の主張どおり経済協力方式で処理されることになったのは大きな進展であるが、具体的な金額になると、その交渉には日朝双方で高度の政治判断を必要としよう。少なくとも日本側においては、かつての日韓交渉、日中交渉の際のように朝鮮問題に見識を持ち、国内政治上力を持った政治家が欲しいものである。

核・ミサイル問題

北朝鮮が形ばかりの査察を受け入れ、核開発を放棄したとの体裁をつくることはあり得ようが、これでは受け入れられない。核開発放棄に向けての平和的解決にはよほどの努力が必要であり、対話等によってたやすく目的が達せられるとは考えられない。対話は北朝鮮側の時間稼ぎに使われる可能性もある。核弾頭を開発し、核実験を実施し、小型化にも成功して既成事実を作り上げ、インド、パキスタンの如く準核兵器国の地位を主張するようになる恐れもある。これは核弾頭のみならずミサイルについても同じである。

このような事態を防ぐオプションとしては軍事的解決方法もあり得よう。だが、これはあまりにもリスクが大きすぎる。米国によるいわゆるsurgical strike（外科手術的攻撃）に対して北朝鮮側はおそらく三八度線以北に集中配備しているミサイル、火砲等によって一斉にソウルや米軍基地を攻撃し、あるいは対日攻撃、あるいは沖縄の米軍基地を攻撃してくる恐れもあろう。韓国が北朝鮮に融和政策をとっているのもこうした事態を恐れるからであろう。

六者協議が成功裡に妥結することが最も望ましいが、そうならなくとも、中国、ロシアなどをまきこんで外交的にやれることはやったとの事実を積み上げることで次の段階へ進む大事なステップとなろう。次に来る現実的なオプションは北朝鮮に一層の圧力をかける、いわゆる「封じ込め政策」ではなかろうか。圧力は状況に応じて段階的に強めてゆけばよい。わが国について言えば、まずは現行の法令でやれるものは適切に実施すべきである。輸出入、為替取引、人の往来、船舶の寄港、不動産課税、不審船の取り締まりなど多岐にわたる。

より根本的な解決策はレジーム・チェンジ（regime change）であろう。この場合、金王朝が内部的に変わることを外部から「消極的」な形で手助けすることである。もちろん、それによる内外への影響は少くないだろうが、北朝鮮の国民大衆と同国の経済発展、朝鮮半島の平和と安定にとって長い目でみてよい効果を及ぼすものと考えられる。

関係国等との政策協調

北朝鮮に対する政策はマルチの場や志を同じくする諸国との協調によって、より力強く効果的に進められる。

まず、国連だが、北朝鮮のＮＰＴ違反の件はＩＡＥＡから国連安保理にバトン・タッチされたのに、肝心の安保理の対応振りは歯がゆい位である。国連の限界を十分に承知の上、錦の御旗をしかるべく活用するよう努めた方が良い。

肝心なのは日米韓三国の協調で、三国間の温度差は極力なくすよう率直な意見の交換を行うべきである。韓国は北への圧力の結果、北が内部崩壊したり暴発したりして韓国自身に大きな被害を及ぼすことを恐れている。韓国自身も内々にそういった内部崩壊のシナリオについて検討しているようだが、この問題をタブー視せずに三国で一緒に考え、対策を練っておくことが必要である。

次に、中国とロシアだが、両国ともそれぞれの思惑から北朝鮮に対して慎重な姿勢をとっており、それはこれまでにもIAEAや国連安保理の審議の場でも現れている。特に中国の態度は今後北朝鮮に圧力をかけたり、厳しい封じ込め政策をとるとなると、その効果を挙げるためには致命的に重要である。どうやって中国を日米間の有志連合に引き入れるか、今後真剣に考えてゆくべきである。また、政策協調の相手は多ければ多い程よく、オーストラリア、アセアン、欧州への働きかけは試みるべきであろう。

三　結び

北朝鮮は世界で最も厚いヴェールに包まれた国で、対北朝鮮外交も手探りをまぬがれない。この小文も私なりの「模索」であった。終わりに、わが国のあるべき対北朝鮮外交を次の四点にまとめてみた。

(一) 対北朝鮮外交は日朝二国間の問題の処理と併せ、それが朝鮮半島の平和と安定につながるものであること。

(二) 朝鮮半島の平和統一は一義的に南北自身が決める問題である。しかし、日本もできる限りの協力を行う。

(三) 日朝関係は米朝関係、南北関係を包含したマトリックスの中で進められるべきである。なかんずく、韓国との友好関係に基づいて進めるべきである。

(四) 上記三点を踏まえて、弾力的に対応すること。

いずれにせよ、現在の日本にとって「近くて遠い」北朝鮮(朝鮮民主主義人民共和国)を速やかに「近くて近い国」にしたいものである。

朝鮮半島の平和体制をどう構築するか
——現況と対案の模索——

曺　敏

I　問題はどこにあるか

韓半島（朝鮮半島）の平和は韓民族（朝鮮民族）の統一よりも重要である。平和と統一という二重の目標が一つに重なり合わない限り、平和は統一に優先する。

最近、北韓（北朝鮮＝朝鮮民主主義人民共和国）の核開発問題で朝鮮半島の危機が高まり、朝鮮半島の平和体制構築に向かうプロセスは大きく揺れている。

盧武鉉（ノ・ムヒョン）政権は二〇〇三年二月、民族の活路を開き、二一世紀の民族史発展を示すという歴史的役割を負ってスタートした。新政権の対北朝鮮政策の目標は「朝鮮半島の平和定着」にある。しかし、この平和定着の課題は本格的な推進より前に、北朝鮮の核開発をめぐる朝米関係の緊張と「朝鮮半島危機」に直面し、試されている。

朝鮮半島の平和体制構築は北朝鮮の核開発をはじめとする大量破壊兵器の解決なしには一歩も進めない。過去五年間、南北関係は北朝鮮に対する和解・協力政策の成果によって相当な進展を見せ、北朝鮮の改革・開放も多くの期待を集めた。しかし最近、世界的な注目を集めている北朝鮮の核開発問題は北東アジア地域の緊張をもたらすとともに、南北関係を急速に冷え込ませる要因ともなって、北朝鮮の未来への展望を一層不透明にしている。

北朝鮮の核問題は脱冷戦以後、朝鮮半島をめぐる北東アジアの国際秩序が不安定になる中で、南北朝鮮と米国をはじめとする周辺国家の関係を大きく浮き彫りにしている。北朝鮮の核問題は北東アジアでの地域覇権の維持を追求する米国と、現状の変化を通して新しい秩序の創造を模索する中国との「協力と競争」をめぐる構造的で長期的な危機構造に大きく関連している。そうした中で、北朝鮮の核危機は朝鮮半島の「局面的危機」が繰り返される一つの表れだといえる。したがって、北朝鮮の核危機を打開するためには北東アジアの地域覇権の問題と南北関係に対する長期戦略的アプローチも重要だが、当面の条件下で「選択的決断」を下さなければならない、切迫した状況にあるという認識がさらに重要である。

我々は現在、選択的決断を強いられている。国家利益と民族利益、北朝鮮と米国、民族と同盟、外部勢力と自主など、互いに排他的な価値を調和させていく努力に劣らず、現段階で二者択一を優先する「戦略的選択」をせざるをえない状況に直面している。したがって、戦略的選択の問題を論議の中心に置いて、朝鮮半島の平和体制構築のための長期的な課題を設定していくことが望ましい。

II　朝鮮半島「核危機」の性格と展望

1　核危機——米国の世界戦略と北朝鮮の生き残り戦略

米国の二一世紀における世界制覇（global primacy）戦略は地政学的戦略（geostrategy）の論理に基づいた米国中心の世界体制の構築にある。米国の北東アジア戦略は日米同盟（韓・米・日）を中心にアジア政策を推進し、中国をけん制することに戦略的目標を置いている。韓米同盟による在韓米軍の駐留は、北東アジア地域での米国式民主主義と資本市場の維持・拡大を図る米国の国益追求の一環であるが、それによって周辺国の利害関係との調整が問題になっている。そして南北朝鮮の緊張緩和に寄与するのか、あるいは緊張を誘発する要因なのかが論点である。欧州の軍備縮小傾向とは違い、北東アジアは軍事力中心の勢力均衡論に立脚した軍拡競争が加速されている。北東アジアの国際環境の変化による軍事的脅威のレベルが緩和されつつあるにもかかわらず、米国がアジア太平洋地域に対して単独行動主義による戦略的利益を強調することは中国と北朝鮮にとって大きな脅威となり、新しい緊張を誘発している側面も無視できない。

ブッシュ政権になって対北朝鮮関与政策から強硬政策へと転換した背景は、米国の対中政策との関連で把握できる。ブッシュ政権はクリントン政権とは違い、スタート時から北朝鮮に対して強硬な立場を見せ、北朝鮮との協商や対話を拒否した。ブッシュ政権の発足当時、米中央情報局（ＣＩＡ）傘下の国家情報委員会（ＮＩＣ）が出した会議結果報告書の序論に示された米国の対北朝鮮政策の基本的立場は、北朝鮮が国際社会の経済支援を得て政治的に認められるなら、米国の影響力はむしろ減少するという憂慮を反映している。また、北朝鮮の韓国・中国・日本などとの関係改善は、米国の北朝鮮に対するコントロールの能力を減らすと見ている。とくに注目される点は、米国の対北朝鮮関与政策は過去五〇年間、米国が北朝鮮を主要敵対国で軍事的脅威だと見てきた米国の安保パラダイムに対する挑戦であり、在韓米軍の駐留の名分を弱めるし、米国的価値に挑戦する国に対する援助と協商を追求することは米国的価値と規範を損ねるものだとしている。このような脈絡から見るならば、ブッシュ政権の対北朝鮮強硬策は米国の対北朝鮮アプローチを根本的に修正し、クリントン政権以前の時期、すなわち冷戦期の米国の対北朝鮮政策に戻ったことになる。

米国は「九・一一」以後、北朝鮮を「テロとの戦争」遂行に必要なターゲットの対象とした。北朝鮮は米国のこのような対北朝鮮強硬策に対して、米国を非難し正面から対応しているが、民主主義と人権問題の死角地帯としてすでに国際社会で悪いイメージを刻印された北朝鮮は、米国を非難すればするほど、「ならず者国家」の行いと見られるだけである。事実、その後北朝鮮は米国の北東アジア戦略の罠にはまって身動きできない状況に置かれ、南北交流協力を通じた朝鮮半島の和解・協力の雰囲気は具体的な進展が見られないまま、北朝鮮の核・ミサイルなど大量破壊兵器をめぐる朝米間の緊張が高まり、朝鮮半島平和構築のプロセスは停滞した。

米国のこのような戦略的変化を見逃すなら、ブッシュ政権の対北朝鮮政策をクリントン政権の柔軟な対北朝鮮政策よりさらに強力な協商手段を駆使するものと解釈する誤りを冒しかねない。つまり北朝鮮を力で屈服させてミサイル問題を解決するという解釈ができるようになる。しかし、国家情報委員会（ＮＩＣ）の立場とそれ以後のブッシュ政権の北朝鮮に対する態度を見ると、北朝鮮のミサイル問題「解決」よりは北朝鮮のミサイル問題「利用」に重きを置いていると評価できる。ミサイル防衛の本当の名分は中国であるからだ。金大中大統領はブッシュ政権のスタート直後に米国を訪問し、韓国政府の朝鮮半島冷戦構造の解体のための努力と対北朝鮮包容政策に対する理解と支持を説いたが、何も得ることができなかった。それは米国の対北朝鮮政策をはじめとする北東アジア戦略との摩擦のためだといえる。

朝鮮半島の緊張は、北朝鮮の対米不信と米国の北朝鮮に対する脅威の相互作用に起因する。北朝鮮と米国は互いに相手が約束を守らないと主張してきた。朝米枠組み合意も相互義務事項は履行されていないが、この合意文によると、米国側の順守事項がより多いにもかかわらず、米国は初めから合意事項を履行する意思がなかったことが明らかになっている。米国は金日成主席の死後、北朝鮮体制が遠からず崩壊するものと予想し（ガルーチ米元北朝鮮核問題担当大使、ボスワースKEDO初代事務局長の証言）、したがって枠組み合意文は紙くずになるように見えた。これに加えて米国共和党とブッシュ政権のタカ派はクリントン民主党政権の枠組み合意文は北朝鮮側のペースに巻き込まれたと批判しながら、合意文の事実上の廃棄といえる改正をひっきりなしに要求してきた。そうしてブッシュ政権のタカ派は枠組み合意が北朝鮮側に必要以上に多くのものを譲歩したと批判しながら、すでに約束自体を無効にしてきたといえる。

北朝鮮は米国の核先制攻撃態勢を実質的な脅威として認識せずにはいられないはずである。米国防総省が二〇〇二年一月八日、米国議会の軍事・外交・情報委員会に提出した秘密報告書「核態勢の見直し」(nuclear posture review: NPR)は、核兵器が「非核攻撃に耐えられる目標物（深いトンネルや洞窟など）や核・生物化学兵器使用に対する報復、不意の軍事事態に使用できる」とし（ロサンゼルスタイムズ、二〇〇二年一月九日）、破壊力が低い核兵器開発の必要性を強調する一方、潜在的核保有国と見られる北朝鮮とイラクに狙いを定めて、「二国は長い間米国の憂慮になってきた」との内容であることが報じられた（ワシントンポスト、二〇〇二年一月一〇日）。二〇〇二年度の「核態勢の見直し」報告書は九六年四月に米国防総省が出したものに比べて相当進展した内容を盛り込んでいる。これとともに、ブッシュの「悪の枢軸」発言（二〇〇二年一月二九日）による北朝鮮に対する敵対政策は、北朝鮮にとって米国の約束違反を確信する契機となった。

米国が北朝鮮の核問題を提起する背景と意図は次のように指摘できる。

まず、北東アジア緊張緩和の局面を封じ込めることである。例をあげると、朝日首脳会談（平壌・二〇〇二年九月一七日）と将来の朝日国交樹立によって米国を中心とする北東アジア国際体制が変化することに対する憂慮から、朝日国交樹立のペース・コントロールと日本の対北朝鮮支援内容を統制する。次に、韓国の対北朝鮮和解・協力政策によって北朝鮮体制が「ひと息つく」ことを拒否する。第三に北朝鮮の核・ミサイルなど大量破壊兵器に対する強硬対応と妥協しない立場を誇示することなどがあげられる。しかし、北朝鮮の核問題をめぐる米国の政策立案者たちの間で葛藤がまったくないとはいえないが、それは結局、北東アジアでの米国のヘゲモニーを効果的に維持するための方法を選択する過程にすぎないといえる。

朝鮮半島の平和を構築する過程で、北朝鮮の核問題解決は最も重要な案件だといえる。核問題解決の三つの前提として、核開発をする側の自発的な協調、長期間の交渉と忍耐、そして核開発をする者の安全保障問題の解決が保証されなければならない。したがって北朝鮮の核問題を解くには、まず北朝鮮の自発的で誠実な協調が必要であるのならば、米国も核問題に対してより忍耐心を持ち交渉に臨まなければならない。とくに北朝鮮の体制保障と安保に対する不安を解消する措置が保証されなければならない。それなのに米国はなかなか北朝鮮と協議する姿勢を示さなかった。例えば、米国は一九九三―九四年の北朝鮮核危機の時、初めから北朝鮮との対話を通じた解決を拒否し、北朝鮮との協商を試みなかった。北朝鮮の立場から見ると、米国に約束履行を貫徹させるためには、絶えず「新しいカード」を用意しない訳にはいかないのが実情である。朝米枠組み合意の核心は北朝鮮としては体制保障で、これは米国との関係改善の問題となるのであるが、しかし米国は北朝鮮との関係改善の意思を示さなかった。それは米国の朝鮮半島における緊張維持政策の一環であり、北朝鮮の国家としての実体を認めていない。他方、北朝鮮は対北朝鮮敵対政策に執着する米国の態度に対してミサイル発射（光明星一号・一九九八年八月三一日）で米国と交渉のテーブルを用意でき、その結果、朝米共同コミュニケ（二〇〇〇年一〇月）を引き出すことができた。このように北朝鮮は、自らが米国の世界戦略の鎖の弱い部分を突く交渉カードを持てないのなら、米国は決して北朝鮮を相手にしようとしないことを見抜いている。

核兵器が米国の世界制覇の戦略的案件であるのなら、北朝鮮は核保有が体制生き残りを保障される究極の手段だと考えている。この点から、朝鮮半島の核危機は米国の世界戦略と北朝鮮の生存戦略が絡み合う状態から発生した危機と見ることができる。北朝鮮の核・ミサイルカードを活用する「守勢的攻勢」と、米国の「攻勢的懐柔」は長いごたごたの末に平和的な解決方法を求められる見通しもあるが、朝米関係をめぐる朝鮮半島の周期的な緊張局面の中で、韓国の役割と位相を探る問題はさらに切実である。

〈北朝鮮の核は民族共滅である〉

北朝鮮の最大目標は核を保有したまま米国と不可侵協定を締結しようとするところにある。核を持った北朝鮮との共存は最悪の状況を招きうる。米国側の視角から北朝鮮の核保有を容認できない理由は次の通りである。▽北朝鮮はプルトニウムを売却できる▽北朝鮮が崩壊する場合、管理がおろそかになった核兵器が軍閥や政治グループの手に入りうる▽核兵器が北朝鮮政府の手にそのままあるとしても北朝鮮は核の脅しで在韓米軍を撤収させられると見る▽北朝鮮の核保有は東アジアの韓国・日本・台湾のドミノ効果を生み、すべての国が核保有に対する強烈な誘惑を感じるようになり、地域の緊張を高める▽北朝鮮の核武装は核不拡散体制に甚大な打撃を加える――などに要約される。

しかし、韓国が北朝鮮の核を容認できない理由はさらに一層深刻である。北朝鮮の核保有が認められれば、北朝鮮は韓国に対する低強度紛争を日常化させる可能性が高い。韓国自ら核を保有したり、再搬入された在韓米軍の核に依存したりしても、北朝鮮は韓国が核戦争を恐れ、局地的挑発に常に消極的に対処するしかないという確信の下に、金正日政権の内部的脅威や体制団結のために低強度紛争に訴える方式を容易に選ぶことができる。過去の経験にしたがえば、軍事休戦ラインの侵攻、海上挑発、領海・領空の無断侵犯、都市ゲリラの浸透破壊工作、国家機関施設の破壊または破壊の脅しなど、あらゆる形態の侵略と脅迫にもかかわらず、拡大戦争による核戦争の恐怖と不安で、断固かつ効果的な対処方法を選択することをむずかしくするだろう。さらに、核兵器の存在を誇示することで南北関係を一方的に引っ張るとか、脅しで対北朝鮮支援を要求する状況になる可能性がある。そして最後は核兵器の脅威で朝鮮半島を「解放」する意志を実現しようとする場合、深刻な危機に陥る。

これに加えて、核を保有した北朝鮮の多様で緻密な挑発と脅迫に対して「民族的」、「解放的」論理を広めようとする立場と、それに対する批判勢力との葛藤で理性的判断が無視されて混乱状態に陥る恐れもある。韓国の社会の一角では、このような悪夢のシナリオが現実となる潜在的可能性が大きくなったのにもかかわらず、北朝鮮の核に対する無責任で「対岸の火事」を見るような核不感症や、北朝鮮の核をまるで統一韓国の軍事力の財産目録のようにみなす幻想から覚めることのできない現実が、最近の実情である。北朝鮮の核は冷戦時代、米ソ間の相互確証破壊（MAD）のために「恐怖の均衡」をつくりだした、そのような性質の核では決してない。韓国の社会は北朝鮮の核によって滅亡するよりは、北朝鮮が核兵器を保有しているという事実だけで社会内部に亀裂が生じたり、崩壊したりする危険性の方が大きい。

2 危機のシナリオ

米朝関係は、米ブッシュ政権の対北朝鮮政策と北朝鮮の金正日政権の対米政策がどのような性格を帯びるようになるかによって決まる可能性が高い。

ブッシュ政権の政策に対してABC（Anything But Clinton）政策という評価があるように、対北朝鮮政策においてもブッシュ政権はクリントン政権の関与政策と異なる政策を引き続き模索するからである。このようなブッシュ政権の対北朝鮮政策は、第二次世界大戦後、今日まで持続している覇権維持の戦略に基づくとか、あるいは「九・一一」以後、新たに推進している「テロとの戦争」においてテロ支援国の政権を除去する戦略に基づいてとりうるものである。覇権維持戦略に基づく米国の対北朝鮮政策は、金正日政権の存続を保証するか、あるいは「ならず者国家」指定を続けるか、そのどちらか一つが現実となりうる。しかし、テロとの戦争という戦略レベルで、その背後のテロ支援国家を制裁することを望むのであれば、米国の対北朝鮮政策は金正日政権の「崩壊」(regime change)を模索する形で表れることもありうる。反面、北朝鮮の対米政策はブッシュ政権の対北政策を受け入れる立場を表明したり、逆に反発する立場を表わしたりすることもありうる。そこから両国が互いに向けて選択した政策の結果を四つのシナリオで描いてみることができる。

シナリオ①——戦争

米国が金正日政権の崩壊を積極的に追求し、これに対して北朝鮮が強力に反発する場合、朝鮮半島で戦争が起こりうる。このシナリオをもう少し精密に予想して見ると、次のようになる。ブッシュ政権が北朝鮮をならず者国家であり、テロ支援国家として必ず除去しなければならない勢力と見なし、このための軍事力など物理的な力を使おうとする。この過程で、ブッシュ政権がイラク戦争に成功した場合、これを強圧外交の成果として宣伝すると同時に、金正日政権を「悪の枢軸」を手なずけるねらいで除去しようとするであろう。

第一段階——このような脈絡から、米国は重油供給の中断を続け、北朝鮮が枠組み合意を破棄したことからKEDO(朝鮮半島エネルギー開発機構)事業を中止するしかないと宣言する。これに対応して、北朝鮮はエネルギー問題の打開と安保の自衛策として黒鉛減速炉の再稼動を宣言する。

第二段階——米国は国際機関などの北朝鮮に対する食糧および人道主義的援助を中断させるだけでなく、経済制裁を強めることで北朝鮮の改革・開放の措置を挫折させる。これに対して北朝鮮は中断していた核施設の稼動と建設を実際に再開し、封印された使用済み核燃料の再処理作業に入る。

第三段階――米国はイージス艦を東海（日本海）と西海（黄海）の公海上に派遣し、北朝鮮の海上進出路を封鎖する。これに対して北朝鮮はコンピューターを活用した核兵器開発テストにすでに成功したことを明らかにし、テポドンⅡミサイルのエンジンテストが完了し、試験発射できることを明らかにする。この過程で、韓国で反米・反戦平和デモが全国に広がる。

第四段階――米国は韓国とともに作戦計画五〇二七―九八（OPLAN5027-98）〔米国の対北朝鮮先制攻撃の可能性を示唆する作戦計画〕に従って戦争遂行準備を進め、北朝鮮はＮＬＬ（北方限界線）を侵犯する一方、テポドンⅡミサイルを発射して核兵器開発を本格的に推進する。その結果、米国と韓国は作戦計画五〇二七を発動し、米国の戦時作戦権の下で北朝鮮に対する先制攻撃が敢行され、朝鮮半島に戦争が起こる。

評価――プライマシー（支配的優位）戦略を好んだブッシュ政権は「九・一一」以後、さらに独断に近い行動をしても受け入れられるという雰囲気の中で、プライマシー戦略をより極端な形で進めることができる。このような脈絡から、ブッシュ政権は「ならず者国家」群の初歩的な大量破壊兵器の開発・組み立て能力に対してすすんで「予防戦争」(preventive war）を展開できる。

シナリオ②――まず妥協・のち停滞

米国は戦争という最悪の状況は回避するが、金正日政権の崩壊または体制変化をめざし、これに対して北朝鮮がやむなく便乗する時、核開発問題がいったんは解決されることで、短期的には両国関係は改善されうる。しかし、米国の対北朝鮮政策が根本的に金正日政権の変化を要求しているため、朝米関係改善は次第に停滞するだろう。その結果、北朝鮮としては対米関係改善に力を注ぐよりは二〇〇四年秋の米大統領選挙でブッシュ政権が交代することのみを期待しつつ、忍耐戦略を駆使するだろう。

第一段階――米国は、北朝鮮がまず核開発を放棄しなくてはどのような話し合いもありえないことを繰り返し強硬に表明する。これに対して北朝鮮も、米国が2つの戦線で同時に戦争を遂行するのが容易でないことを見抜いて、イラク戦争が終わるまで対米交渉基盤の構築を目標に強硬に対応する。

第二段階――イラク戦争後、米国は北朝鮮の核開発計画の撤回なしにはどのような交渉もありえないことを重ねて明らかにする。これに北朝鮮は米国が先制攻撃を放棄するという条件の下、核開発計画の撤回と制限的な核査察を受け入れる意思があることを明らかにすると同時に、不可侵条約締結を再び要求する。

第三段階――北朝鮮の核開発計画の撤回が発表された後、これを確認するために朝米交渉を通じて核査察の日程を協議する。これに従って、制限的査察を実施する。

第四段階――その後、朝米間に多様な協商（核、ミサイル、生物化学兵器、通常軍備態勢、政治、経済協議など）が進むが、いったん戦争を免れた北朝鮮としてはブッシュ政権の対北朝鮮政策に対して引き続き疑問を持つことから、協商には積極的に出てこない。

シナリオ③――危機持続と状況悪化

米国は対北朝鮮政策を世界および北東アジア地域での覇権を維持するための戦略から推進し、金正日政権の崩壊を企てるのではないが、北朝鮮を引き続き「ならず者国家」と名指す場合、北朝鮮はこれに対して強く反発する可能性はある。その結果、両国間の危機が続き、朝米関係は徐々に悪化するだろう。

第一段階――米国は仮に北朝鮮に対する先制攻撃はしないとの方針を明らかにするが、北朝鮮の核開発計画をはじめとする大量破壊兵器の開発が中断されない限り、「ならず者国家」指定を解除できないことを明らかにする。これに対して北朝鮮は、米国との対話を模索しながら不可侵条約の締結を主張する。
第二段階——米国は韓国と日本に政策調整を強調しながら、対北朝鮮強硬路線を要求することで南北および日朝関係は膠着状態に陥る。北朝鮮は核兵器開発を体制保障の手段とみなし、不可侵条約の締結とテロ国家指定の解除がなされるまで核開発を続ける。
第三段階——国連安保理への付託および対北朝鮮制裁決議がなされ、これに米国が枠組み合意の破棄を宣言すると、北朝鮮はテポドンミサイル発射をはじめとして、自衛手段確保として核開発の再開を明らかにするなど、強く反発する。そして南北および日朝関係は全面的に中断する。
第四段階——米国は水面下の接触を通じて北朝鮮と協商を再開するが、根本的な進展はない。

シナリオ④——全面的な関係改善

米国は金正日政権の存続を政治、経済、軍事的に保証し、北朝鮮も積極的に米国の要求事項を受け入れる場合、両国関係は画期的に改善されうる。
第一段階——米国は非公式接触を通じて、ブッシュ政権の対北朝鮮政策は金正日政権の崩壊を誘導することにあるのではなく、北東アジアで引き続き覇権を維持しながら南北関係の漸進的改善を実現することにあると、北朝鮮に確信させる。これに北朝鮮は核凍結解除の追加的行動を自制すると同時に、米国が体制保障措置をとる意思を明らかにすれば、核放棄宣言と査察協議に臨むことを明らかにする。
第二段階——米国は不可侵を保障すると同時に、韓米日の政策共助を通じて北朝鮮に対する説得を行い、体制承認を宣言する。これに北朝鮮は米国の特使を受け入れ、特使との会談を通じて過去の核および濃縮ウランに対する査察関連協議を準備し、不可侵保障のための高位級会談にも合意する。

第三段階――米国は「大胆な接近」政策を宣言して、韓米日主導で北朝鮮に対する経済支援を受け持つ国際機構を発足させて、北朝鮮への食糧・電力・借款支援措置を講じる。これに北朝鮮は核凍結再開と濃縮ウランによる核開発の破棄を宣言し、金正日国防委員長のソウル訪問と日朝国交樹立に積極的に出てくる。

第四段階――ブッシュ大統領の平壌訪問を通じて朝米国交正常化が電撃的に合意される。

このような四つのシナリオの中で最善のシナリオは全面的な関係改善であり、最悪のシナリオは戦争である。現段階において可能性が高いシナリオは「危機持続と状況悪化」シナリオおよび「まず妥結・のち停滞」シナリオである。イラク戦争が速戦即決で終わる場合、「まず妥結・のち停滞」シナリオで朝米関係が展開される可能性が高い。しかし、イラク戦争が長期化する場合、朝米関係は危機が続くなかで次第にさらに悪化する可能性が高いとみられる。

III　朝鮮半島への平和定着の条件

〈韓米同盟の変化と多国間安保体制の形成〉

朝鮮半島に平和共存の状態が顕在化したら、北東アジア安保の大きな脅威要因とみなされてきた北朝鮮の脅威レベルが著しく弱まる反面、統一された朝鮮半島が登場する可能性に対する周辺国家の戦略的な利害関係に変化が起こりうる。つまり、周辺国家は朝鮮半島の状況変化が自国の利益の助けになる方向へ引っ張るため、覇権競争が進む可能性もある。

米国は二国間の安保同盟と関係発展を根幹とするが、徐々に多国間協力体制づくりを積極的に進めて覇権競争の緩和をめざし、日本は日米同盟の枠の中でも自律的な政治・軍事的役割を広げようとする可能性がある。中国は長期的な国家戦略である中進国として跳躍するためにも、北東アジア地域の安定と平和維持が望ましい。中国としては朝鮮半島の平和共存が実現すれば、北朝鮮に対する負担を減らせる。しかし、中国は米国と日本の影響力の維持または拡大が自国の社会主義政治体制の変化を誘うことを警戒する。そしてロシアは影響力行使に限界がある中でも安保の面でロシアに不利にならないよう、全体として軍事バランスが保たれる方向で域内問題に対する関与を強める可能性がある。南北平和共存の時代に、周辺四カ国は安保の面で双務的な戦略的協力関係を発展させようとする努力を続けながら、朝鮮半島情勢がそのような発展の障害にならないようにするための政策を推進するだろう。

こうした点から北東アジアの多国間安保協力体制の形成は、欧州安保協力機構（ＯＳＣＥ）のように国家間の葛藤や相互の利害関係の衝突を調整することで平和共存に寄与する役割を果たせるだろう。今後、韓米同盟の性格は変化し、韓国としては南北平和共存体制とともに中国、ロシアなどと戦略的対話のチャンネルを形成し、併せて対話と協力のメカニズムとなる北東アジア多国間安保体制を通じて、統一プロセスを平和的にコントロールできる。その上、北東アジア多国間安保体制の形成は朝鮮半島の統一過程で発生しうる不確実性と不安定性に対する周辺四カ国の憂慮を払拭させながら、韓国主導の統一への支持を引き出す場として活用できる。また、統一された朝鮮半島が北東アジアの地域秩序の枠内で平和と安定および相互安保協力に寄与すると信じさせる、安保・外交的メカニズムの機能も果たすことが期待できる。

統一に有利な環境をつくるための北東アジア多国間安保協力の形成は、「朝鮮半島問題の国際化」と「朝鮮半島問題の朝鮮半島化」という葛藤の関係を相互補完的な協調関係に発展させる方向で推進されなければならない。

韓国の立場では、根本的に北東アジア域内国家間の相対的な力の関係から、統一過程ではもちろん、統一後の韓国の力量に対する現実主義的な評価に基づいて、多国間安保協力体制の形成とその活用を実利主義的な立場で進めなければならない。

一つ、北東アジア多国間安保協力の形成は統一への環境づくりと統一韓国の安保状況に有利な側面はあるが、統一過程で、多国間安保協力が既存の韓米同盟と日米同盟に連係する韓米日安保協力関係に替わるものと見てはいけない。

二つ、北東アジアの多国間安保協力づくりを朝鮮半島統一の手段として公式に連係させたり、浮き彫りにはせずに、南北関係を軍事・安保の面で安定させ、分断構造をコントロールするための外交政策の一環として進めるのが望ましい。

三つ、南北関係が進展し、統一の可能性が増大する状況が到来する場合、統一韓国の登場で北東アジアの安保環境が変化することに対する周辺国の不安感を払拭し、統一支持の立場をしっかりと誘導するために、統一韓国の安保政策は北東アジア多国間安保の枠の中で推進されることを公式に表明する。

要するに、韓米同盟の性格が朝鮮半島レベルを超えて、地域の安定と平和に役割を果たす機能へと転換する過程で、韓国は北東アジア多国間安保協力の形成と、それを活用した統一への環境づくりの政策を推進できる。

我々は、ドイツ統一が欧州の安保と発展に貢献し、統一後も欧州共同体（EC及びNATO）の一員として残るのだという確信を、長期間かけて周辺国家に植えつけた西独の外交的努力から教訓を得なければならない。西独はさらに、統一プロセスが欧州の枠、特に全欧安保協力会議（CSCE）を活性化する中で成就するという点を明確にすることで周辺国の協力を得ることができた。

したがって北東アジアの多国間安保協力は、朝鮮半島の統一過程において、また統一後も北東アジアの地域安保と発展に寄与するという政策目標で推進されれば、韓米協力関係とともに実効性を高められるだろう。

Ⅳ　模索——新たな出発

世界史で唯一の分断民族である我々の場合、統一問題を国際政治の論理である国家利益の観点からアプローチするには、大きな限界がある。たとえば我々は、国家利益と民族利益の二重構造の中で、両者の葛藤という現実の一方で、国家利益と民族利益を調和させなければならないというジレンマを抱いている。もちろん両者の調和は、いうほどに容易なものではない。しかし国際関係で、南北は厳然として互いに別の国家的実体として活動している。南北はいま、片手で握手をしながらも、別の手では相手の額に銃口を向けている。いうなれば、南北の敵対的関係の解消をめざす問題と、いまだに敵対的関係が完全に解消されていない現実は違う。したがって大韓民国の存在を危うくする北朝鮮の対南政策や核開発のような明白な危機の局面で、我々は当然、現実的な国家利益の観点から北朝鮮と向き合わなければならない。だが、そうだとしても民族利益を否定するものではない。南北間の信頼が構築されて危機局面が解消された時、初めて民族利益の地平の上で、南北和合と国際社会での協力を積極的に追求していくことができる。

朝鮮半島の堅固な平和構造が樹立できない状況で、韓米同盟の根幹である在韓米軍の変更問題はより慎重に扱っていかなければならない。韓国社会の「反米感情」は、若い層の米国に向けられた民族的プライドと人間の尊厳性の問題を喚起させるという、一つの正当な要求から出発したものだ。しかし、米国側の不誠実な態度と誠意のない反応で悪化の一途をたどり、ついに韓米同盟と在韓米軍の必要性自体を否定する雰囲気が広がっていった。米国も韓国の「反米感情」に対応し、米国では反韓感情とともに在韓米軍撤退・削減問題が少しずつ論議される状況となっている。南北間の戦争防止は南北交流協力による効果も無視できないが、少なくともいままでは在韓米軍と国防力による抑止力のおかげと見なければならない。もちろん在韓米軍と国防力中心の戦争抑止力は、次第に和解・協力を通じた平和構造の中で解決できる方向に変えなければならない。

朝鮮半島の平和体制づくりへの努力は、南北クロス承認を経て交流・協力を深めることで南北関係の質的改善を図るとともに、北東アジアの域内安保を実質的に増大させるため、周辺国が参加して平和と安定を保障する多国間安保協議体の枠を準備する方向と並行して行われなければならない。この過程で何よりも、南北の政治的・軍事的な信頼構築が重要である。しかし、北朝鮮の核開発は南北関係の根本的な前提を否定する行為に他ならない。我々はいま、この間の南北関係が多様な面で多くの変化を生んだにもかかわらず、朝鮮半島の危機レベルが高まっている状況で、安保と平和定着の面では特別な進展がなかったことが確認される地点に立っている。

朝鮮半島の平和体制は、南北の平和政策とともに北東アジアの関係国間で平和協力体制が構築されるならば、可能である。北東アジア多国間安保協議体を形づくっていくには、現行の韓米、日米安保同盟と朝中、朝ロ間の安保協力関係に急激な変化を引き起こす方向よりは、現在の北東アジアの勢力均衡を維持・補完する方向に進む方が望ましい。南北朝鮮に対する周辺国のクロス承認が完成されなければならない。朝米、朝日関係が正常化する時、初めて軍事的な信頼構築と軍縮問題を含んだ実質的な安保論議の場を設けることができる。

北朝鮮の核開発放棄なしには、南北経済協力の画期的な進展を期待するのはむずかしい。南北経済協力を推進しても、実質的な成果を収めるには限界がある。韓国政府は、北朝鮮の経済回復のために「北朝鮮版マーシャルプラン」を準備している〔マーシャルプランは第二次世界大戦後の米国による欧州復興援助計画〕。北朝鮮は核開発を放棄し、政府レベルで公式に支援を要請する必要がある。その時、我々は国家レベルで南北経済協力と大々的な支援政策を推進できる。あわてずに、原則をはっきりと守らなければならないのである。

（統一研究院学術会議叢書、二〇〇三年一月）

資料集

日本国憲法
南北共同声明
南北間の和解と不可侵及び交流・協力に関する合意書
朝鮮半島の非核化に関する共同宣言
朝鮮民主主義人民共和国と米合衆国の間の基本合意文
南北共同宣言
日朝平壌宣言
朝鮮半島関係年表

日本国憲法〈抜粋〉

（昭和二十一年十一月三日公布
昭和二十二年 五 月三日施行）

日本国憲法

日本国民は、正当に選挙された国会における代表者を通じて行動し、われらとわれらの子孫のために、諸国民との協和による成果と、わが国全土にわたつて自由のもたらす恵沢を確保し、政府の行為によつて再び戦争の惨禍が起ることのないやうにすることを決意し、ここに主権が国民に存することを宣言し、この憲法を確定する。そもそも国政は、国民の厳粛な信託によるものであつて、その権威は国民に由来し、その権力は国民の代表者がこれを行使し、その福利は国民がこれを享受する。これは人類普遍の原理であり、この憲法は、かかる原理に基くものである。われらは、これに反する一切の憲法、法令及び詔勅を排除する。

日本国民は、恒久の平和を念願し、人間相互の関係を支配する崇高な理想を深く自覚するのであつて、平和を愛する諸国民の公正と信義に信頼して、われらの安全と生存を保持しようと決意した。われらは、平和を維持し、専制と隷従、圧迫と偏狭を地上から永遠に除去しようと努めてゐる国際社会において、名誉ある地位を占めたいと思ふ。われらは、全世界の国民が、ひとしく恐怖と欠乏から免かれ、平和のうちに生存する権利を有することを確認する。

われらは、いづれの国家も、自国のことのみに専念して他国を無視してはならないのであつて、政治道徳の法則は、普遍的なものであり、この法則に従ふことは、自国の主権を維持し、他国と対等関係に立たうとする各国の責務であると信ずる。

日本国民は、国家の名誉にかけ、全力をあげてこの崇高な理想と目的を達成することを誓ふ。

第二章　戦争の放棄

第九条　日本国民は、正義と秩序を基調とする国際平和を誠実に希求し、国権の発動たる戦争と、武力による威嚇又は武力の行使は、国際紛争を解決する手段としては、永久にこれを放棄する。

前項の目的を達するため、陸海空軍その他の戦力は、これを保持しない。国の交戦権は、これを認めない。

第三章　国民の権利及び義務

（中略）

第二十二条　何人も、公共の福祉に反しない限り、居住、移転及び職業選択の自由を有する。

何人も、外国に移住し、又は国籍を離脱する自由を侵されない。

（中略）

第十章　最高法規

第九十七条　この憲法が日本国民に保障する基本的人権は、人類の多年にわたる自由獲得の努力の成果であつて、これらの権利は、過去幾多の試練に堪へ、現在及び将来の国民に対し、侵すことのできない永久の権利として信託されたものである。

第九十八条　この憲法は、国の最高法規であつて、その条規に反する法律、命令、詔勅及び国務に関するその他の行為の全部又は一部は、その効力を有しない。

日本国が締結した条約及び確立された国際法規は、これを誠実に遵守することを必要とする。

（以下略）

南北共同声明

最近、平壌とソウルで、南北関係を改善し、分断された祖国を統一する問題を協議するための会談が開かれた。

ソウルの李厚洛中央情報部長が一九七二年五月二日から五月五日まで平壌を訪問して平壌の金英柱組織指導部長と会談、金英柱部長の代理として朴成哲第二副首相が五月二十九日から六月一日までソウルを訪問して李厚洛部長と会談した。

この会談で、双方は祖国の平和統一を一日でも早く実現しなければならないという共通の念願に基づいて虚心坦懐に意見を交換し、たがいに理解を増進させるうえで大きな成果をあげた。

この過程を通じて、双方は、長い間の断絶の結果として生じた南北間の誤解と不信を解消し、緊張の高潮を緩和させ、さらには祖国の統一を促進させるため、つぎのような諸問題について完全に意見の一致をみた。

一、双方は次のような祖国統一原則に合意した。

第一　統一は、外勢に依存したり外勢の干渉を受けることなく、自主的に解決しなければならない。

第二　統一は、たがいに相手側に反対する武力行使によらず、平和的に実現しなければならない。

第三　思想と理念、制度の相違を超越して、まず同一民族として民族的大団結を図らなければならない。

二、双方は、南北間の緊張状態を緩和し、信頼の雰囲気を醸成するため、たがいに相手側を中傷誹謗せず、大小を問わず武装挑発をせず、不意の軍事的衝突事件を防止するための積極的な措置をとることに合意した。

三、双方は、断絶していた民族的連繫を回復し、互いに理解を増進させ、自主的平和統一を促進させるため、南北間で多角的な諸般の交流を実施することに合意した。

四、双方は、現在全民族の大きな期待の中で進められている南北赤十字会談が一日も早く成功するよう、積極的に協力することに合意した。

五、双方は、突発的軍事事故を防止し、南北間で提起される諸問題を直接、迅速かつ正確に処理するため、ソウルと平壌間に常設直通電話を引くことに合意した。

六、双方は、このような合意事項を推進するとともに、南北間の諸問題を改善、解決し、また合意した祖国統一原則に基づいて国の統一問題を解決する目的で、李厚洛部長と金英柱部長を共同委員長とする南北調節委員会を構成、運営することに合意した。

七、双方は、以上の合意事項が、祖国統一を一日千秋の思いで渇望している全民族の一様な念願に符合すると確信しながら、この合意事項を誠実に履行することを全民族に厳粛に約束する。

それぞれ上部の意を体して

李　厚　洛

金　英　柱

一九七二年七月四日

南北間の和解と不可侵及び交流・協力に関する合意書

（一九九二年二月十九日発効）

南と北は、分断された祖国の平和的統一を念願する全民族の意志により、七・四南北共同声明で明らかにした祖国統一の三大原則を再確認し、

政治・軍事的対決状態を解消し、民族的な和解を成し遂げ、武力による侵略と衝突を防ぎ、緊張緩和と平和

を保障し、多角的な交流・協力を実現して民族共同の利益と繁栄を図り、双方のあいだの関係が国と国との関係でない、統一をめざす過程で暫定的に形成される特殊関係であるということを認め合い、平和統一を成就するための共同の努力を傾注することを互いに確約するとともに、つぎのように合意した。

第一章　南北和解

第一条　南と北は互いに相手方の体制を認め、尊重する。

第二条　南と北は相手方の内部問題に干渉しない。

第三条　南と北は相手方に対する誹謗・中傷をしない。

第四条　南と北は相手方を破壊・転覆しようとする一切の行為を行わない。

第五条　南と北は今の停戦状態を南北の間の強固な平和状態に転換させるために共同で努力し、そうした平和状態が成されるまで現軍事停戦協定を遵守する。

第六条　南と北は、国際舞台での対決と競争を中止し、協力し合って、民族の尊厳と利益のためにともに努力する。

第七条　南と北は、相互の緊密な連絡と協議のために、この合意の発効後、三ヶ月以内に、板門店に、南北連絡事務所を設置・運営する。

第八条　南と北は、この合意書の発効後、一ヶ月以内に、本会談の枠内で南北政治分科委員会を構成し、南北和解に関する合意の履行と遵守のための具体的な対策を協議する。

第二章　南北不可侵

第九条　南と北は相手方に対して武力を使用せず、相手方を武力で侵略しない。

第十条　南と北は、意見対立と紛争問題を、対話と協議を通して平和的に解決する。

第十一条　南と北の不可侵境界線と区域は、一九五三年七月二十七日付の、軍事停戦に関する協定に規定された軍事分界線と、これまで双方が管轄してきた区域とする。

第十二条　南と北は、不可侵の履行と保障のために、この合意書の発効後三ヶ月以内に、南北軍事共同委員会を構成・運営する。南北軍事共同委員会では、大規模の部隊移動と軍事演習の通報および統制問題、非武装地帯の平和的な利用問題、軍の人士の交流および情報交換問題、大量殺傷武器と攻撃能力の除去をはじめとした段階的な軍縮実現問題、検証問題など、軍事的な信頼造成と軍縮を実現するための問題を協議・推進する。

第十三条　南と北は、偶発的な武力衝突とその拡大を防止するために、双方の軍事当局者のあいだに直通電話を設置・運営する。

第十四条　南と北は、この合意書の発効後、一カ月以内に、本会談の枠内で南北軍事分科委員会を構成し、不可侵に関する合意の履行と遵守および軍事的な対決状態を解消するための具体的な対策を協議する。

第三章　南北交流・協力

第十五条　南と北は、民族経済の統一的で均衡的な発展と民族全体の福祉向上を図るために、資源の共同開発、民族内部交流としての物資交流、合作投資などの経済交流と協力を実施する。

第十六条　南と北は、科学・技術、教育、文学・芸術、保健・体育、環境と新聞、ラジオ、テレビおよび出版物をはじめとする出版・報道など、さまざまな分野で、交流と協力を実施する。

第十七条　南と北は、民族構成員たちの自由な往来と接触を実現する。

第十八条　南と北は、離ればなれになっている家族・親族の自由な書信往来と、その離散家族の往来と再会および訪問を実施し、自由意思による再結合を実現し、そのほか、人道的に解決する問題に対する対策を講究する。
第十九条　南と北は、切れた鉄道と道路を繋ぎ、海路、航路を開設する。
第二十条　南と北は、郵便と電気通信交流に必要な施設を設置・連結し、郵便・電気通信交流の秘密を保障する。
第二十一条　南と北は、国際舞台で、経済と文化などさまざまな分野で互いに協力し合い、共同で対外に進出する。
第二十二条　南と北は、経済と文化など各分野の交流と協力を実現するための合意の履行のために、この合意書の発効後、三ヶ月以内に、南北経済交流・協力共同委員会をはじめとする部門別共同委員会を構成・運営する。
第二十三条　南と北は、この合意書の発効後、一ヶ月以内に、本会談の枠内で南北交流・協力分科委員会を構成し、南北交流・協力に関する合意の履行と遵守のための具体的な対策を協議する。

第四章　修正および発効

（略）

南北高位級会談南側代表団首席代表
大韓民国国務総理　　鄭　元　植

北南高位級会談北側代表団団長
朝鮮民主主義人民共和国政務院総理　　延　亨　默

朝鮮半島の非核化に関する共同宣言

（一九九二年二月十九日発効）

南と北は、朝鮮半島を非核化することにより核戦争の危険を除去し、わが国の平和と平和統一に有利な条件と環境を造成し、アジアと世界の平和と安全に貢献するためにつぎのように宣言する。

一、南と北は、核武器の試験、製造、生産、受入れ、保有、貯蔵、配備、使用をしない。

二、南と北は、核エネルギーをもっぱら平和的な目的にのみ利用する。

三、南と北は、核再処理施設とウラニウム濃縮施設を保有しない。

四、南と北は、朝鮮半島の非核化を検証するために、相手側が選定して双方が合意する対象に対し、南北核統制委員会が規定する手続きと方法で査察を実施する。

五、南と北は、この共同宣言の履行のために、共同宣言が発効された後、一ヶ月以内に、南北核統制共同委員会を構成・運営する。

六、この共同宣言は、南と北がそれぞれ発効に必要な手続きを経て、その本文を交換した、その日から効力を発生する。

南北高位級会談南側代表団首席代表
大韓民国国務総理
鄭　元　植

北南高位級会談北側代表団団長
朝鮮民主主義人民共和国政務院総理
延　享　默

朝鮮民主主義人民共和国と米合衆国の間の基本合意文

（一九九四年十月二十一日）

朝鮮民主主義人民共和国政府代表団と米合衆国政府代表団は一九九四年九月二十三日から十月二十一日までジュネーブで朝鮮半島の核問題の全面的解決に関する会談を行った。

双方は、朝鮮半島の非核化、平和と安全を実現するために、一九九四年八月十二日付けの朝米合意声明に明記された諸目標を達成し、一九九三年六月十一日付けの朝米共同声明の諸原則を堅持することが持つ重要性を再確認した。朝鮮民主主義人民共和国と米合衆国は核問題の解決のために次のような行動措置を取ることを決定した。

一　双方は、朝鮮民主主義人民共和国の黒鉛減速炉（複数）と諸関連施設を軽水炉発電所（同上）に交換するために協力する。

①　米合衆国は、一九九四年十月二十日付の米合衆国大統領の保証書簡に従い、二〇〇三年までに二百万キロワットの総発電能力の軽水炉発電所(複数)を朝鮮民主主義人民共和国に提供するための諸措置を責任をもって取る。

—米合衆国は、自己の主導の下に、朝鮮民主主義人民共和国に提供する軽水炉発電所の資金および設備を保障するための国際連合体（コンソーシアム）を組織する。この国際連合体を代表する米合衆国は、軽水炉提供事業において朝鮮民主主義人民共和国の基本的な相手側となる。

—米合衆国は連合体を代表し、本合意文が署名された日から六ヶ月以内に、朝鮮民主主義人民共和国と軽水炉提供契約を締結するために最善を尽くす。契約を締結するための協商は、本合意文が署名された後、できるかぎり早期に開始される。

—朝鮮民主主義人民共和国と米合衆国は、必要に応じて、核エネルギーの平和的利用分野における双務的協力のための協定を締結する。

② 米合衆国は、一九九四年十月二十日付の米合衆国大統領の保障書簡に従い、連合体を代表して、一号軽水炉発電所が完工する時まで、朝鮮民主主義人民共和国の黒鉛減速炉と諸関連施設の凍結に伴うエネルギーの損失を補償するための諸措置を取る。

—代用エネルギーは熱および電気生産用の重油で提供する。

—重油の納入は本合意文が署名された日から三ヶ月以内に開始し、納入量は合意された計画に基づき、毎年五十万トン水準に達することになる。

③ 軽水炉提供と代用エネルギー保障に関する米合衆国の保障を受けたところに基づき、朝鮮民主主義人民共和国は黒鉛減速炉と諸関連施設を凍結し、究極的には解体する。

—朝鮮民主主義人民共和国の黒鉛減速炉と諸関連施設に対する凍結は本合意文が署名された日から一ヶ月以内に完全に実施される。この一ヶ月間とそれ以後の凍結期間、朝鮮民主主義人民共和国は国際原子力機関（ＩＡＥＡ）が凍結状態を監視することを許容し、ＩＡＥＡに対してそのための協力を十分に提供する。

—軽水炉事業が完全に実現された時点で、朝鮮民主主義人民共和国の黒鉛減速炉と諸関連施設は完全に解体される。

—軽水炉事業の建設期間に朝鮮民主主義人民共和国と米合衆国は五千キロワット試験原子炉から出た使用済み燃料の安全な保管方途、そして朝鮮民主主義人民共和国において再処理を行わずに別の安全な方法によって使用済み燃料を処理するための方途を探究するために協力する。

④ 朝鮮民主主義人民共和国と米合衆国は、本合意文が署名された後、できる限り早期に二種類の専門

家協商を行う。

—そのうち一つの専門家協商では、代用エネルギーに関する諸関連問題、そして黒鉛減速炉計画を軽水炉事業に交換する上で提起される諸関連問題を討議する。

—もう一つの専門家協商では、使用済み燃料の保管および最終処分のための具体的な諸措置を討議する。

二　双方は政治および経済関係を完全に正常化する方向に進む。

①　双方は、本合意文が署名された後、三ヶ月以内に、通信サービスと金融決済に対する制限措置の解消を含め、貿易と投資の障壁を緩和する。

②　双方は、専門家協商において領事およびその他の実務的諸問題が解決するのに伴い、互いに相手側の首都に連絡事務所を開設する。

③　朝鮮民主主義人民共和国と米合衆国は、相互に関心事となる諸問題の解決において進展が遂げられるのに応じて、双務関係を大使級に昇格させる。

三　双方は朝鮮半島の非核化、平和と安全のために共同で努力する。

①　米合衆国は、核兵器を使用せず、核兵器によって威嚇もしないという公式の保証を朝鮮民主主義人民共和国に対して提供する。

②　朝鮮民主主義人民共和国は、一貫して、朝鮮半島の非核化に関する北南共同宣言を履行するための諸措置を取る。

③　朝鮮民主主義人民共和国は、本基本合意文によって対話を行う雰囲気がつくり出されるのに応じて、北南対話を行うであろう。

四　双方は国際的な核拡散防止体系を強化するために共同で努力する。

①　朝鮮人主主義人民共和国は、核拡散防止条約（NPT）の成員国としてとどまり、NPTにともなう保障措置（査察）協定の履行を許容するであろう。

②　軽水炉提供契約が締結されたなら、凍結されない諸施設に対する朝鮮民主主義人民共和国とIAEAの間の保障措置協定に伴う定期および非定期査

察が再開される。契約が締結される時までは、凍結されない諸施設に対する保障措置の連続性を保障するためのＩＥＡＥの査察が継続される。

③軽水炉事業の相当な部分が実現された後、そして主要核関連部分品が納入される以前に、朝鮮民主主義人民共和国はＩＡＥＡと、自己の核物質初期報告書の正確性および完全性の検証に関する協商を行い、それに従ってＩＡＥＡが必要と見なす可能性のあるすべての措置を取ることを含め、ＩＥＡＥとの保障措置協定（回覧通報四〇三）を完全に履行する。

朝鮮民主主義人民共和国代表団団長
・朝鮮民主主義人民共和国第一外務次官
姜　錫　柱

米合衆国代表団団長・米合衆国巡回大使
ロバート・Ｌ・ガルーチ

一九九四年十月二十一日　ジュネーブ

（ラヂオプレス『北朝鮮の現況一九九八』から）

南北共同宣言

祖国の平和的統一を念願する全民族の崇高な意思により、大韓民国の金大中大統領と朝鮮民主主義人民共和国の金正日国防委員長は、二〇〇〇年六月十三日から十五日まで平壌で歴史的な対面と首脳会談を行った。

南北首脳は分断の歴史上初めて開かれた今回の対面と会談が、お互いの理解を増進させ、南北間関係を発展させ、平和統一を実現させる重大な意義を持つと評価し、次のように宣言する。

①南北は国の統一問題を、その主人である我が民族同士でお互い力を合わせ、自主的に解決していくことにした。

②南北は国の統一のため、南側の連合制案と北側の緩やかな連邦制案が相互共通性があると認め、今後、この方向から統一を志向していくことにした。

③南北は今年八月十五日[1]に、離散家族、親戚訪問団を交換し、非転向長期囚問題[2]を解決するなど、人道的問題を早急に解決していくことにした。

④南北は経済協力を通じて、民族経済を均衡的に発展させ、社会、文化、体育、保健、環境などあらゆる分野での協力と交流を活性化させ、双方の信頼を固めていくことにした。

⑤南北は以上のような合意事項を早急に実行に移すため、早い時期に当局間の対話を開催することにした。

金大中大統領は金正日国防委員長がソウルを訪問するよう丁重に招請し、金正日国防委員長は今後適切な時期にソウルを訪問することにした。

二〇〇〇年六月十五日

大韓民国大統領　金　大　中

朝鮮民主主義人民共和国国防委員長　金　正　日

注

(1) 解放・独立記念日。

(2) 朝鮮戦争以降、スパイ活動などで韓国で投獄され、思想転向を拒否している。

日朝平壌宣言

小泉純一郎日本国総理大臣と金正日朝鮮民主主義人民共和国国防委員長は、二〇〇二年九月十七日、平壌で出会い会談を行った。

両首脳は、日朝間の不幸な過去を清算し、懸案事項を解決し、実りある政治、経済、文化関係を樹立することが、双方の基本利益に合致するとともに、地域の平和と安定に大きく寄与するものとなるとの共通の認識を確認した。

一、双方は、この宣言に示された精神及び基本原則に従い、国交正常化を早期に実現させるため、あらゆる努力を傾注することとし、そのために二〇〇二年十月中に日朝国交正常化交渉を再開することとした。

双方は相互の信頼関係に基づき、国交正常化の実現に至る過程においても日朝間に存在する諸問題に誠意をもって取り組む強い決意を表明した。

二、日本側は、過去の植民地支配によって、朝鮮の人々に多大の損害と苦痛を与えたという歴史の事実を謙虚に受け止め、痛切な反省と心からのお詫びの気持ちを表明した。

双方は、日本側が朝鮮民主主義人民共和国に対して、国交正常化の後、双方が適切と考える期間にわたり、無償資金協力、低金利の長期借款供与及び国際機関を通じた人道主義的支援等の経済協力を実施し、また、民間経済活動を支援する見地から国際協力銀行等による融資、信用供与等が実施されることが、この宣言の精神に合致するとの基本認識の下、国交正常化交渉において、経済協力の具体的な規模と内容を誠実に協議することとした。

双方は、国交正常化を実現するにあたっては、一九四五年八月十五日以前に生じた事由に基づく両国及びその国民のすべての財産及び請求権を相互に放棄するとの基本原則に従い、国交正常化交渉においてこれを具体的に協議することとした。

双方は、在日朝鮮人の地位に関する問題及び文化財の問題については、国交正常化交渉において誠実に協議することとした。

三、双方は、国際法を遵守し、互いの安全を脅かす行動を取らないことを確認した。また、日本国民の生命と安全にかかわる懸案問題については、朝鮮民主主義人民共和国側は、日朝が不正常な関係にある中で生じたこのような遺憾な問題が今後再び生じることがないよう適切な措置を取ることを確認した。

四、双方は、北東アジア地域の平和と安定を維持、強化するため、互いに協力していくことを確認した。

双方は、この地域の関係各国の間に、相互の信頼に基づく協力関係が構築されることの重要性を確認するとともに、この地域の関係国間の関係が正常化されるにつれ、地域の信頼醸成を図るための枠組みを整備していくことが重要であるとの認識を一にした。

双方は、朝鮮半島の核問題の包括的な解決のため、関連するすべての国際的合意を遵守することを確認した。また、双方は、核問題及びミサイル問題を含む安全保障上の諸問題に関し、関係諸国間の対話を促進し、問題解決を図ることの必要性を確認した。

朝鮮民主主義人民共和国側は、この宣言の精神に従い、ミサイル発射のモラトリアムを二〇〇三年以降も更に延長していく意向を表明した。

双方は、安全保障にかかわる問題について協議を行っていくこととした。

日本国総理大臣　小泉純一郎

朝鮮民主主義人民共和国国防委員会 委員長　金正日

二〇〇二年九月十七日　平壌

朝鮮半島関係年表

1945・8・15　日本敗戦、朝鮮が解放される。米ソが南北朝鮮を分割占領
48・8・15　大韓民国成立／9・9　朝鮮民主主義人民共和国（北朝鮮）成立
50・6・25　朝鮮戦争勃発
53・7・27　板門店で休戦協定調印
54・4・26　ジュネーブで朝鮮・インドネシア問題に関する十九カ国会議開催
59・12・14　北朝鮮への帰国第一船、新潟を出港
65・6・22　日韓基本条約と請求権など四協定に調印
72・7・4　南北共同声明発表（自主・平和・民族大団結の祖国統一三原則）
12・25　北朝鮮の金日成首相、国家主席に就任
73・8・8　東京で韓国野党指導者、金大中氏が拉致される→8・13　ソウルに帰還
74・9・16　北朝鮮、国際原子力機関（IAEA）に加盟
79・10・26　韓国の朴正熙大統領暗殺される
80・5・18　韓国光州市で大規模デモ。全土に戒厳令→5・27　軍制圧で死者多数
83・10・9　ラングーン訪問中の全斗煥大統領一行に爆弾テロ、閣僚ら死亡
85・9・20　南北離散家族の故郷訪問団がソウル・平壌を相互訪問
12・12　北朝鮮、核不拡散条約（NPT）に加入
87・11・29　大韓航空機爆破事件
88・9・17　ソウルで五輪開幕
90・6・4　サンフランシスコで韓ソ首脳会談→9・30　国交樹立
9・5　ソウルで第一回南北首相会談→92・9まで八回開催
91・1・30　日朝国交正常化への政府間第一回本会談、平壌で開催
9・18　南北朝鮮、国連に同時加盟

12・13　南北朝鮮が和解と不可侵・交流協力合意書（基本合意書）に調印
12・14　北朝鮮、金正日書記が軍最高司令官に
12・31　南北朝鮮が朝鮮半島非核化共同宣言に仮調印→92・1　首相が署名
92・1・30　北朝鮮、核査察受け入れへIAEAと保障措置協定を締結
8・24　韓中が国交樹立
93・2・25　北朝鮮、IAEAの特別査察要求を拒否
3・12　北朝鮮、NPT脱退を決定
4・9　北朝鮮、金正日書記を国防委員長に選出
94・6・13　北朝鮮、IAEAからの即時脱退を表明
6・15－18　カーター米元大統領訪朝。金日成主席と会談し核凍結で合意
7・8　金日成北朝鮮主席が死去、八二歳
10・18　米朝がジュネーブで枠組み合意に署名（北の核凍結と米朝正常化）
95・3・9　朝鮮半島エネルギー開発機構（KEDO）が発足
8・15　村山首相が侵略に対する反省とおわびを表明する談話を発表
97・10・8　北朝鮮の金正日労働党書記が総書記に就任
98・8・31　北朝鮮がテポドン発射
9・5　北朝鮮が憲法改正、金正日総書記が国防委員長に再任
11・18　韓国から金剛山観光船がスタート
99・10・12　米国が北朝鮮政策を見直すペリー報告を公表
2000・1・4　北朝鮮とイタリアが国交樹立
2・9　朝ロ友好善隣協力条約に調印
3・9　韓国の金大中大統領がベルリン宣言発表（対北朝鮮経済支援）
5・8　北朝鮮、豪州と外交関係を再開
5・29　金正日総書記が中国訪問し江沢民主席と会談
6・13　金大統領が平壌訪問、金総書記と初の南北首脳会談→6・15　南北共同宣言（統一問題の自主的解決、離散家族再会、経済協力）

8・15 南北離散家族が十五年ぶりに再会
9・18 南北に分断された京義線鉄道を復旧する起工式開く
2001・1・15 金総書記が上海、北京を訪問
5・8 韓国政府が日本に歴史教科書の再修正を要求
7・26―8・18 金総書記がロシア訪問
2002・1・29 米ブッシュ大統領、北朝鮮を「悪の枢軸」と非難
6・29 南北朝鮮の艦艇が黄海で砲撃戦
9・17 小泉首相が訪朝、金総書記と首脳会談。日朝平壌宣言（国交正常化交渉の再開など）に署名。金総書記は日本人拉致認め謝罪
10・15 北朝鮮による拉致被害者五人が約二十四年ぶりに帰国
10・16 米、北朝鮮が高濃縮ウランの核開発計画を認めたと発表
10・29 クアラルンプールで日朝国交正常化交渉開催
11・14 KEDO理事会、北朝鮮への重油供給凍結決定
12・12 北朝鮮、核開発の凍結解除と核施設の再稼動を表明
2003・1・10 北朝鮮、NPT脱退を再び宣言
4・9 国連安保理、北朝鮮の核問題で懸念表明
4・23―25 北京で米朝中三者協議開く。北朝鮮が核保有表明と報道
5・23 日米首脳会談で小泉首相は北朝鮮に「対話と圧力必要」と発言
7・7 北京で中韓首脳会談→7・8 北核問題で「平和的解決」の共同声明
7・12 南北閣僚級会談は北核問題を「対話で解決」との共同報道文発表
8・27―29 北京で南北朝鮮、米日中ロの六者会談。共通認識（北朝鮮核問題の平和的解決、朝鮮半島の非核化、段階的で同時並行の解決案づくりなど）をまとめる。北朝鮮は米朝接触で核実験の意図を表明

10・7　バリ島で日中韓首脳会談。共同宣言で朝鮮半島非核化を確認

11・4　KEDO、北朝鮮の軽水炉建設中断で合意

朱　建栄（しゅ・けんえい／Zhu Jianrong）

東洋学園大学人文学部教授。1957年中国上海生まれ。中国華東師範大学外国語学部日本文学科卒。1992年，学習院大学法学部で博士号（政治学）取得。東洋女子短期大学助教授，東洋学園大学助教授などを経て現職。著書『毛沢東の朝鮮戦争』（岩波書店，1991年），『江沢民の中国』（中公新書，1994年），『毛沢東のベトナム戦争』（東京大学出版会，2001年），『イラク戦争の衝撃』（共編著，勉誠出版，2003年）など多数。

和田　春樹（わだ・はるき）

東京大学名誉教授。ロシア・ソ連史，北朝鮮現代史を専門とする。アジア女性基金の設立と運営に関わる。著書に『北の友へ南の友へ』（御茶の水書房，1987年），『北朝鮮——遊撃隊国家の現在』（岩波書店，1998年），『朝鮮戦争全史』（岩波書店，2002年），『日本・韓国・北朝鮮——東北アジアに生きる』（青丘文化社，2003年），『東北アジア共同の家——新地域主義宣言』（平凡社，2003年）ほか多数。

大木　英夫（おおき・ひでお）

聖学院大学大学院教授。学校法人聖学院院長・理事長。聖学院大学総合研究所長。1928年生まれ。東京神学大学大学院卒。ユニオン神学大学ドクターコース卒。神学博士。著書に『ブルンナー人と思想』（日本基督教団出版部，1962年），『終末論的考察』（中央公論社，1970年），『主の祈り』（聖学院大学出版会，1990年），『新しい共同体の倫理学　基礎編』（上・下，教文館，1994年），『組織神学序説——プロレゴーメナとしての聖書論』（教文館，2003年），その他多数。

小此木政夫（おこのぎ・まさお）

慶應義塾大学教授。1945年群馬県生まれ。慶應義塾大学大学院法学研究科博士課程修了。法学博士。韓国延世大学大学院留学。慶應義塾大学講師，助教授を経て現職。著書『市場・国家・国際体制』（共編著・慶應義塾大学出版会，2001年），『金正日時代の北朝鮮』（編著・日本国際問題研究所，1999年），『ポスト冷戦の朝鮮半島』（編著・日本国際問題研究所，1994年），『朝鮮戦争』（中央公論社，1986年）。

遠藤　哲也（えんどう・てつや）

原子力委員長代理。外務省在職時代，在ウィーン国際機関代表大使，IAEA理事会議長，日朝国交正常化交渉代表，KEDO（朝鮮半島エネルギー開発機構）担当大使などを務める。

曺　　敏（じょ・みん）

統一研究院政策研究課長。1955年ソウル生まれ。1992年高麗大学校大学院において政治学博士号取得。1993年，統一研究院常任研究員を経て現職。最近の論文に「転換期韓国政治思想——1987年以後の韓国政治思想」（韓国精神文化研究院『企画論文集』2003年，所収）がある。

執筆者紹介 （掲載順）

康　仁徳（かん・いんどく）

聖学院大学総合研究所客員教授。1932年平壌生まれ。韓国外国語大学院卒。政治学博士。韓国中央情報部，北韓，共産担当課長，北韓局長，南北調節委委員，極東問題研究所所長などを歴任。1998年3月〜1999年5月まで金大中政権の統一部長官。著書『共産圏総覧』，『北韓全書』，『共産主義と統一戦線』，『言論・政治・イデオロギー』など。

小田川　興（おだがわ・こう）

聖学院大学総合研究所客員教授。日韓現代史研究センター。1942年生まれ。早稲田大学文学部卒。朝日新聞ソウル支局長，朝日新聞社編集委員を経て現職。編訳『被爆韓国人』（朝日新聞社），共著『朝鮮半島・平和の構図』（同調査研究室），『北朝鮮――その実像と軌跡』（共著・高文研）など。

池　明観（ち・みょんぐぁん）

聖学院大学総合研究所客員教授。1924年平安北道生まれ。ソウル大学大学院修了。徳成女子大学教授，ソウル大学講師，東京女子大学教授。翰林大学校翰林科学院教授，同院日本学研究所長などを歴任。著書『日韓関係史研究』（新教出版社），『ものがたり朝鮮の歴史』（明石書店），『韓国民主化への道』，『人間的資産とはなにか』（いずれも岩波書店）ほか多数。

清田　治史（きよた・はるひと）

朝日新聞社総合研究本部長。1971年早稲田大学卒。朝日新聞社大阪社会部，マニラ支局長，1993年から3年間ソウル支局長。ソウル・延世大学に語学留学。1996年米ハーバード大学日米プログラムフェロー。朝日新聞社外報部長，東京編集局次長を歴任して現職。

李　鍾元（りー・じょんうぉん）

立教大学法学部教授。1953年韓国生まれ。国立ソウル大学中退。国際基督教大学，東京大学大学院法学政治学研究科修了（法学博士）。東京大学法学部助手，東北大学法学部助教授，米国プリンストン大学客員研究員，朝日新聞アジアネットワーク客員研究員などを経て現職。著書『東アジア冷戦と韓米日関係』，『いま，歴史問題にどう取り組むか』（共著），『日本・アメリカ・中国』（共著），『世紀間の世界政治』（共著），『日朝交渉』（共編）など。

伊豆見　元（いずみ・はじめ）

静岡県立大学国際関係学部教授。1950年生まれ。上智大学大学院修了。平和・安全保障研究所主任研究員，ハーバード大学高等研究員等を経て現職。共著に『金正日時代の北朝鮮』，Nuclear Policies in North-east Asia (United Nations) など。

北朝鮮問題をどう解くか
——東アジアの平和と民主主義のために——

2004年2月15日初版第1刷発行

編　者　聖学院大学総合研究所
康　仁徳・小田川　興

発行者　大　木　英　夫

発行所　聖学院大学出版会
〒362－8585 埼玉県上尾市戸崎1－1
電話(048)725－9801 FAX(048)725－0324
E-mail：press@seigakuin-univ.ac.jp

組版・有限会社エスタリオル　印刷・望月印刷株式会社
ISBN 4－915832－57－0　C0031

※表示されている定価は消費税五％を含む価格です。

ニコラウス・クザーヌス

渡邉守道著

十五世紀の最も独創的な思想家、哲学者、神学者ニコラウス・クザーヌスについての著者三〇年間におよぶ研究をもとに書き下ろした研究書。クザーヌスの政治社会思想、公会議と教会改革、それに著者の最も力を入れた現代政治思想に対するクザーヌスの貢献を力説する。

A５判上製定価五八八〇円

トレルチとドイツ文化プロテスタンティズム

フリードリヒ・ヴィルヘルム・グラーフ著
深井智朗
安酸敏眞　編訳

マックス・ヴェーバーと並び、一九世紀から二〇世紀にかけてのドイツの文化科学、とくに歴史学、また神学思想において大きな足跡を残した、エルンスト・トレルチの思想を、文化史の観点から再評価し、現代における意義を論ずる意欲的な論考。

A５判上製定価四二〇〇円

歴史と探求

レッシング・トレルチ・ニーバー

安酸敏眞著

中間時における真理の多形性をとく「真理の愛好者」レッシング、「徹底的歴史性」の立場でキリスト教的真理の普遍妥当性と格闘したトレルチ、歴史の有意味性を弁証しつづけたニーバーのそれぞれの思想的連関を考察し、著者の神学的・宗教哲学的立場から偶然的な歴史的真理と必然的な規範的真理の関係性を明らかにする。

A５判上製定価五二五〇円

ユルゲン・モルトマン研究

組織神学研究第一号

組織神学研究会編

モルトマンは、終末論に基づいた『希望の神学』等で知られるチュービンゲン大学教授。本書は、組織神学研究会の過去一年間の研究成果をまとめた論文集である。バルトとモルトマン／三位一体論、とくに聖霊論の対比／死者の居場所をめぐって、など所収。

A５判並製定価二一〇〇円

イギリス・デモクラシーの擁護者A・D・リンゼイ
その人と思想

永岡薫編著

リンゼイは、E・パーカーと並ぶ今世紀におけるイギリス政治哲学者の双璧である。本書はリンゼイのひととなりと幅広い思想を多彩な執筆者によって紹介した初の本格的研究書である。

A5判上製定価五四六〇円

正義
社会秩序の基本原理について

E・ブルンナー著
寺脇丕信訳

正義とはなにか。実証主義と相対主義の中に国家や法の正義の理念は崩壊したのか。現代世界における正義の原理を考察し、正義が共同社会の中で、いかに適用されるべきかを論じる。

A5判上製定価六〇九〇円

近代世界とキリスト教

W・パネンベルク著
深井智朗訳

近代世界の成立にキリスト教はどのような役割を果たしたのか。この問いに対して、ウェーバーやトレルチなどの見解が提示されてきたが、現代ドイツ神学者のパネンベルクは、近代世界の成立とキリスト教の関係を積極的に評価し、さらに現代のキリスト教の諸問題を明らかにしている。

四六判上製定価二一〇〇円

クロムウェルとイギリス革命

田村秀夫編著

ピューリタン革命の立役者、オリヴァ・クロムウェルを、本書では、序章「クロムウェル研究史」第1部「クロムウェルの宗教」第2部「クロムウェルと政治」第3部「クロムウェルと国際関係」という多角的な視点から論ずる。

A5判上製定価五八八〇円

オリヴァー・クロムウェル
神の道具として生きる

澁谷浩著

ピューリタン革命の中心にいたクロムウェルの信仰に裏付けられた議会での発言や画期的な軍政改革、めまぐるしく変化する政治情勢の中での行動と思考を追う書き下ろし評伝。

四六判並製定価二〇三九円

イギリス革命とアルミニウス主義

山田園子著

イギリス革命期の急進的聖職者ジョン・グッドウィンは「しょく罪されたしょく罪」によって、カルヴァンの運命論的な二重予定説を批判したが、その思想の中核にあった十六世紀オランダのアルミニウスの教説を詳説し、それがイギリス革命に及ぼした影響を明らかにする。

Ａ５判上製定価六〇九〇円

デモクラシーにおける討論の生誕

ピューリタン革命における「パトニー討論」

大澤麦
澁谷浩 編訳

ピューリタン革命の最中、国王を逮捕した革命軍が今後の方針を討議するためにパトニーで総評議会を開催した。議長はオリヴァ・クロムウェルがつとめ、新しい政治体制を主張するレヴェラーズと激しい議論を進めた。この討論にこそ「討論」を通してお互いの違いを理解しあい、共通の目的を発見することを目指す、近代デモクラシー思想の源泉があった。本書は、『パトニー討論』の翻訳と訳者注記と解説を付し、この討論の政治思想史における意義を解明する。

Ａ５判上製定価六〇九〇円

日本の将来とキリスト教

古屋安雄著

日本の近代化（西洋化）の問題は、西洋の技術・学問は受け入れたが、その根底にある「キリスト教」を排除して受け入れたことである。アジアで近代化を成しとげ、経済的に成長したにも関わらず、「キリスト教ぬき」の成長・発展は大きな問題を生じさせてきた。著者は以上の認識から、現代日本の問題の根底にある西洋受容の「ねじれ」を、アメリカ、ヨーロッパなどとの比較において指摘し、二一世紀における日本の課題を明らかにする。

Ａ５判上製定価三九九〇円